侗族の音楽が語る文化の静態と動態

薛 羅軍 著

〈推薦のことばにかえて〉

周縁は中心なり

大阪大学名誉教授・放送大学客員教授　　　山口　修

　中国は、はかり知れないほど巨大な国です。漢民族以外に55もの少数民族が共存していて、その一つがトン族だというのですから、本書が明らかにしてくれる音楽文化は大海の一角にすぎないのかも知れません。にもかかわらず、本書から多民族国家中国の素顔の一端が生き生きと読み取れます。大国の中心から地理的にも文化的にも大きな隔たりがある一民族の姿を垣間見れば、周縁におかれた人びとが育んできた音楽文化が普遍的に人類の音楽性を示すことに気がつくはずです。本書を紐解くとき、読者の心はトン族と一体化して、あたかもそこが世界の中心であるように感じるに違いありません。周縁は、けっして単なる周縁ではなく、むしろ中心とさえなるのだと言ってもよいでしょう。視点をいったん移動させれば、そこに新たな中心をみつけることができると言い換えてもよいかも知れません。

　とかく軽視されがちな周縁に目をやってこそ文化の本質がいくらかでも把握できるのだと考える立場を、私は周縁主義と名づけました。「周縁は中心なり」というスローガンを標榜するこの考え方を文化研究のさまざまなところで応用することができます。たとえば、政治経済的に国家の周縁に位置する社会に焦点をあてることはもちろんのこと、その社会の音楽を扱うのであれば単に音楽そのものだけではなく、人びとの生活や風俗習慣を丹念にたどってゆくことは大切なことです。また、現在という時間的な中心からいったん離れて、過ぎ去った昔日の状況を文献や口承情報を手がかりにしてたどることもできますし、逆に、未来はどうなるのだろうかと考えてみることもできます。つまり、空間的にも時間的にも中心と周縁を行ったり来たりしてゆくうちに、文化の全体が

鮮明に見えてくるのです。

　本書は、まさにこのような周縁主義を実行に移した研究の成果であると私は受けとめています。それは、著者薛羅軍氏の生い立ちと人柄から生まれたものです。漢民族出身の薛氏は、幸いにして幼少時にトン族の人たちのなかで生活した経験をもっています。この経験が功を奏して、薛氏は漢文化とトン文化のあいだで頻繁に身のおき方の中心を移動させることができたのでしょう。しばしば外部者としてのフィールドワーカーは、自分自身の文化的背景が絶対的なものであると思い込んで、調査対象の文化を知らず知らずのうちに見下してしまいがちです。しかし本書の場合は、フィールドワークを積み重ねる過程で人びとと温かい人間関係をつくりあげていった痕跡を物語っています。

　薛氏はまた、日本文化にも通じています。中国と日本のあいだで物理的にも精神的にも中心を移動させてきた年月には、おそらく、異文化のあいだにある深い溝を何度も越えなければならない苦労があったことでしょう。しかし、苦しいことだけでなく、喜びもいろいろ感じたに違いありません。異文化の狭間で多くの人びとと喜怒哀楽を分かち合ってきた体験があったからこそ、無味乾燥な文化研究ではなく、まさに血の通った音楽民族誌が完成したのだと言えます。本書を通じて、著者薛羅軍氏は読者諸氏との対話をすることになります。これを基点にして異文化理解がさらに深まることを心から願っています。

2005年 9 月 21 日

はしがき

　本書は、中国の少数民族に関する音楽的民族誌（モノグラフ）である。広大な中国に住む公称55の少数民族について、フィールドワークに基づく詳細な民族誌研究はすでに数多く発表されているが、音楽という特定の領域に的をしぼったものとなるとその数は決して多くない。とりわけ中国の民族音楽学研究においては、1980年代に入ってからようやく多角的に取りあげられるようになり、ここ数年間も、人類の音楽遺産を広く理解してゆこうという機運が高まりを見せている。その流れに沿って、この度ここに、中国少数民族の一つである侗族の音楽文化に関する研究成果を公刊する運びとなった。本書は次のような構成からなっている。

　まず序論「音楽が語る文化の静態と動態」において、音楽学における文化を形成し保持する傾向性としての「静態」、および文化を時代の変遷とともに変容させようとする「動態」というふたつの観点を示すことにより、音楽的民族誌の研究手法を述べる。特に、文献研究と同時並行的に行うフィールドワークの重要性を提起する。具体的には、侗族の「琵琶歌」とそれを支える楽器である「侗族琵琶」の例を挙げその存在意義を述べる。

　第1章「多民族社会としての中国」では、少数民族一般にみられる服装・食・住居・交通といった生活局面を描きつつ、ひとつひとつの民族によって異なる文化の事象や項目の存在を指摘する。

　第2章「侗族の概況」は、音楽を理解するために必要不可欠な侗族の社会的および歴史的背景、およびその民族集団が営んできた生活を概略する。すなわち、侗族居住の地理的空間論から始まり、生活・家庭・婚姻などに対する価値観、彼らの信仰生活を根本から支える祖母神「薩歳」、音楽生活を支える「公

民館」的な集いの場である「鼓楼」について論じる。

　第 3 章「侗族の音楽ジャンルと楽器」ではフィールドデータを駆使し、侗族が育んできた音楽ジャンルと楽器遺産を網羅的に提示し、「分類」という視点から体系的な秩序のなかに位置づけ直し、本書の中枢部分を成す第 4 章「侗族琵琶歌の文化化の機能」は、文化人類学でいう「文化化 acculturation」という切り口から音楽文化の神髄について言及する。ここで扱うのは「静態」の問題で、論点を明確にするため、対象を「侗族琵琶歌」に限定し、「伝承教育的」「交流的」「娯楽的」「社会組織的」「文化蓄積的」「民族史・民族誌的」「儀礼的」といった概念が社会的機能としてこの「琵琶歌」に付与されていることを明らかにする。

　最後に結論「現代化の過程における少数民族文化」では、「動態」の問題として、過去から現在、そして未来に向かうこの一瞬においても変容を余儀なくされている侗族が、その社会環境のなかで、伝統的要素をいかに保持し、かつ新しい要素をどのように加味していくのかについて、収集データをもとに分析するとともに今後の予測について述べる。

　「侗族」という少数民族にあまり馴染みのない方にとっては、本書は読みよい最適な入門書となりうるだろうし、音楽学を専門とされている方にとっては、侗族の音楽社会文化の理解を通じてその興味、関心をさらに広げてくれるものと考えている。

　なお、巻末には付録を設けて、詳細な調査記録や文献などを掲載しているので、本書を読みすすめて行くなかで適宜参考にされたい。

2005 年 8 月 30 日

著者

侗族の音楽が語る文化の静態と動態

目　次

〈推薦のことばにかえて〉　周縁は中心なり　　山口　修 ……… i

はしがき ……………………………………………………… iii

序章　音楽が語る文化の静態と動態
　　　　―文化が保たれ変化することを音楽から理解するために― ……… 1
　　1．資料収集と研究方法　2
　　2．研究の対象　6
　　3．侗族琵琶と琵琶歌の研究概況　8
　　4．本研究の目的　11

第1章　多民族国家としての中国 …………………… 12
　　1．少数民族の服装　13
　　2．少数民族の食　16
　　3．少数民族の住居　17
　　4．少数民族の交通　17

第2章　侗族の概況 ………………………………… 19
　　1．侗族居住の地理的位置　19
　　2．侗族の生活　21
　　3．家庭と婚姻　25
　　4．侗族の祖母神「薩歳」　27
　　5．侗族の鼓楼と鼓楼文化　33

第3章　侗族の音楽ジャンルと楽器 ………………… 38
　　1．侗族大歌　39
　　2．伴奏歌曲　44
　　3．楽器と器楽曲　45

4．侗族歌師の社会地位　　49

第4章　侗族琵琶歌の文化化の機能 ……………………………………51
　　1．侗族琵琶歌の伝承教育的機能　　51
　　2．侗族琵琶歌の交流的機能　　56
　　3．侗族琵琶歌の娯楽的機能　　59
　　4．侗族琵琶歌の社会組織的機能　　67
　　5．侗族琵琶歌の文化蓄積的機能　　69
　　6．侗族琵琶歌の民族史・民族誌の機能　　73
　　7．侗族琵琶歌の儀礼的機能　　75
　　結論：現代化の過程における少数民族文化　　112
　　要約　　114

あとがき ……………………………………………………………………121

付録 ……………………………………………………………………………123

参考文献 ……………………………………………………………………134

序章

音楽が語る文化の静態と動態
― 文化が保たれ変化することを音楽から理解するために ―

　社会学や文化人類学で使われる用語として「社会化（socialization）」というものがあり、「文化化（enculturation）」とほぼ同じ意味の用語です。ただし、「社会化」の方がやや広い概念であり、文化的な事柄を強調するとき「文化化」というようです。「社会化」とは『社会学事典』（弘文堂）をひもときますと次のように書かれています。「人間は社会によって産み出される。それと同時に、その人間が社会を産み出す。この双方向的な過程を社会化と呼ぶ」（栗原1994：390）。また『文化人類学事典』（弘文堂）によると以下のように書かれています。「文化システムとの関わりでは、社会化は、人間が文化を内面化して身につけること、すなわち文化化（enculturation）として進行する。とりわけその文化の価値を内面化し、道徳を形成する道徳的社会化の過程が重要である」（江淵1987：422）。
　他方、こうした隣接諸学の考え方を積極的に取り入れてきたのがいわゆる民族音楽学であり、上記の概念をかみくだいて説明している次の記載が本研究の出発点そして目的となりました。「文化（あるいは社会）は一般に2つの相互に対立的なメカニズムを持っているといわれています。すなわち、ある文化の歴史上のある世代までにパターン化された事象を次の世代へ継承させようとする静的staticなメカニズムが1つ、もう1つは、変化を求めようとする動的dynamicなメカニズムであります。ここでとりあげる文化化［文化編入］の問題は前者に属する。文化化[文化編入]とは、成長しつつある年少者に適切な環境や訓練を与えて、その文化のパターンを受容したり、運用したりする能力が備わるように仕向けること、すなわち、その文化（社会）の中に組入れてメンバーとして有資格者にすることである」（山口1974：13）。まとめると、人間がある社会のメンバーとして成

長してゆく過程で、その社会のなかでの風俗習慣を身につけてゆくことが「文化化」といえます。この考え方を援用すれば、侗族琵琶歌は文化化の機能をもっており、侗族文化を継続的に維持してゆく上で重要な手段であると考えることができるので、本論文でもこの観点による考察へと道すじを立てていくことにします。

　侗族は本来文字を持たない民族なのですから、その民族文化を伝承し、次世代を教育してゆくということは、主に口承つまり口伝えでなされてきました。歌唱手段を用いた方が言語手段だけを用いるよりもはるかに人の関心を引きつけますから、音楽形式の教授学習を通して行われる広い意味で教育は、青年にとっても最適の手段であるといえます。このため、侗族の琵琶演奏家兼歌手たちは、よく人生哲学や処世訓を題材にして琵琶歌を作り、青年が青春を大切にし、生活を愛し、熱心に労働するようにといった教育的内容の歌を歌い上げています。こうした伝統文化の継承方法は、ずいぶん古くからとられてきたのです。

1. 資料収集と研究方法

　音楽学は実践性の非常に強い学問です。とくに、一般に民族音楽学と呼ばれる領域は人類学、社会学、民族学などの分野と同様に、研究方法では実地調査すなわちフィールドワークを強調し、自ら当該文化の地に赴いて蓄積した良質の資料が多いほどよいとされています。民族音楽学的手法をとる音楽学者は音楽資料の調査と収集を学者生命の重要な部分としてもっていなければなりません。

　フィールドワークは、その名称から考えるに、音楽学者が民間に深く入り込み、その社会へ向かうことであり、具体的には研究の対象である音楽に直接に接して、深く詳細な調査を行うことを意味しています。フィールドワークの手法を採用するかどうかは、音楽学研究の対象と音楽学者自身の性質によって決定されるのです。音楽学研究の重要な一部門は、現在でも民間伝承と音楽事象を出発点とする類のものです。そのような研究では、文献中に保存されている音楽資料は、過去の人々が調査・収集・記録したものであり、それらに見られる歴史的な音楽事象は副次的な歴史資料であると考えた上で、研究資料として十分に活用されなければなりません。さらに、現代人が収集した音楽資料も、

本人以外の研究者が調査して得たものが入手できるなら、やはり副次的な資料として視野に入れなければなりません。もちろん歴史的な文献資料や他人の調査した資料に基づいても音楽学研究をある程度進めることはできます。なぜならどんな研究者もあらゆる民族、あらゆる地区の音楽事象をすべて調査することなどできないからです。他人の調査資料を借用せざるを得ない場合もあるということです。しかし、優秀な研究者ならこうした資料に満足せず、特別に選定したいくつかの音楽事象に対してテーマ調査を行わねばならないでしょう。なぜならテーマ調査によって研究者は、一次資料を自ら収集できるだけでなく、さらに重要なことには研究者がその民族の音楽生活について、感性や知識をさらに増すことができるからです。こうした感性や知識は、他人や自分の調査で得た資料を分析、総括する際にきわめて重要です。音楽は生きた文化現象の一種であるため、とりわけ民族心理や多くの民族特有の事物について、そこに行くことによって初めて身をもって感じ取ることができるものです。

フィールドワークは、音楽学研究で最も信頼できる研究方法の 1 つです。それは忠実で信頼に足る資料を獲得できるだけでなく、先人の調査資料の不足を修正補充することができるからです。

いわゆる研究順序とは研究の際の具体的な手順を指しています。音楽学研究の場合は、一般的には以下のような段階を経ねばなりません。

1-1　テーマの設定と計画

どのような音楽学者でも、研究は全くのゼロから始まるのではありません。彼らは最初はみな多かれ少なかれ一定の資料を確保しています。さらにある資料の価値に興味を示しています。音楽が表現する範囲は相当広いので、マクロな角度であれミクロな角度であれ、研究者はその研究範囲を具体的に絞って問題を提出し、そこからある研究テーマを決定し、このテーマに関連する資料について考察をし、ある仮説を提示しなければなりません。もしテーマが確定していないと将来の研究への見通しが立ちませんから、研究者は十分な確信を持って研究することができません。一旦テーマを設定したら、すぐに研究計画を立てて、適切な措置をとらなければなりません。どのようにテーマを絞るかに

よって、資料収集の方法が決まるからです。それは文献で探すか現地調査を行うか、理論上の問題を解決するために文献を読むか、また先人はこの問題の研究でどのような成果を収めているか、等です。

1-2　資料の収集と整理

　研究を行う上で、資料を十分収集することは研究の基本条件であり、また研究の質と量を高める重要な手がかりとなります。音楽学研究では資料が詳しいほど良いとされています。歴史的文献資料、実際の調査資料、他人の研究成果等は、みな熟知すべきで、一知半解というのでは困ります。同時に、詳細な資料を持っているという前提で、手に入れた資料に対して整理と分析を進め、最も価値のある資料を抽出することが、研究を行う際の論拠となります。必要であれば、用いた資料をまとめ、参考資料として論文や著作の後ろに添えるべきでしょう。

　すでに、フィールドワークは音楽学に基本的研究方法の1つだと言いました。この方法をより良く実施し、所期の効果を収めるためにも、音楽学調査要項を作成することはきわめて重要です。

　調査要項をどのように定めるかは、調査規模や調査内容を見てから決めなければなりません。もし行われるのが大規模な音楽学資料のための調査なら、音楽のすべての範囲や対象にわたって要項を作成しなければなりませんし、少なくとも調査する項目を詳細に列挙し、同時に重要なところを示さなければなりません。もしそれがある音楽事象についてのテーマ調査ならば、項目よりもより詳細な調査要項を作らなければなりません。

　調査要項は調査の青写真であり、調査行動を決定する準則です。ある地域に着いたとき、もし単に旅行やほかの仕事で来ていて、そこの特殊な風俗に出くわし、興味を引かれたのなら、ざっと見る形で調査を行い、戻ってから旅行記の類の文章を一編書けば、それで許されるでしょう。しかし一介の音楽学研究者なら、その仕事は自覚的なもので、民族地区に行く目的が明確であり、しかも出発前に詳細な調査要項を作成しておけば、十分な心構えができるものです。したがって音楽学研究者が音楽調査を展開する目的、方式、方法は、旅行者とは根本的に異なるのです。

音楽調査の作成では、まず調査の項目を確定しなければなりません。これらの項目は音楽学研究の対象と範囲を正確に具体的に記さなければなりません。次に調査の項目を列記します。
（1）自然環境
　1－1 地理位置
　1－2 地形、気候類型
　1－3 資源、物産
（2）民族の構成
　2－1 地域の範囲及び構成
　2－2 人口、民族の分布、民族言語と文字
　2－3 民族の歴史
（3）経済文化環境
　3－1 居住方式及び環境の選択
　3－2 生産方式及び経済類型
　3－3 民俗（祭り、宗教、冠婚葬祭等）
　3－4 諸芸術（民間文学、美術、舞踊、演劇等）
（4）音楽の呼称
　4－1 現地語、他言語、旧称、俗称
　4－2 呼称の源流
　4－2－1 源流形成の歴史
　4－2－2 源流形成の過程
　4－3－1 分布の地域範囲
　4－3－2 分布の特徴
　4－4－1 伝承の形式
　4－4－2 伝承の社会的条件
　4－4－3 伝承の方法
　4－4－4 伝承者と被伝承者の関係
（5）音楽活動
　5－5－1 音楽活動の時間、場所

5－5－2 音楽活動の原因、目的、機能

5－5－3 音楽活動の集団心理

5－5－4 演出の場所、服装

（6）楽器

6－1 楽器の名称及び楽器の歴史

6－2 楽器演奏の方式と技術

6－3 楽器の音律、音量

6－4 特定の楽器と他の楽器との関係

6－5 楽譜の形式（5線譜、数字譜、他の記譜法）

（7）この地区の音楽文化と他の地区音楽文化の関係

7－1 相互間の音楽文化の内容と形式の関連

7－2 相互間の音楽文化と歴史の関連

7－3 相互間の音楽文化交流の文化背景

　上記の要項は音楽事象のすべてを包括しているとは限りません。必要に応じてさらに詳細な項目を列記しなければなりませんし、調査を行う前に立てた理論的、物理的準備、さらには調査方法やテーマ提示の方法、調査に使用する道具（筆記、録音、録画など）まで考慮に入れねばなりません。

2．研究の対象

　音楽学の研究対象としての音楽について、山口修教授は次のように述べています。
　「音楽学の研究対象を単に音楽であるというだけでは充分ではない。その対象を明らかにするためには、人類文化の地理的な広がりと歴史的な展開を考慮に入れた空間的、時間的規定だけでなく、文化の中で占める音楽の位置ということに着目した文化的、概念的規定、そして音そのものにかかわる構造的、構成規定が必要である。
　音楽文化を支える担い手は個人から全人類にいたるさまざまなレベルの空間性と、過去から未来にいたる時間性とを有している。そうした担い手が展開してきた音楽文化もまた同様に、大小さまざまのレベルの地域性や

民族性に裏づけられた空間性と時代とともに変遷する様式に彩られた時間性とをつねに秘めている」(山口1999：18)。

　調査・研究の対象としての音楽が持つ最大の特徴は、それが「生きている」ということです。その音楽は自民族の言語で歌われ、自民族の生活地域で流行して、その文化環境内で成長し、外来のものから影響を受ければ変化することもあります。そのため現地での音楽資料の調査、収集、整理を音楽学研究の立脚点としなければなりません。現在の音楽は豊富かつ多彩であるため、研究領域は非常に広範なものになっています。音楽事象を社会生活や文化の領域全般にまで広げて捉えるなら、音楽学の研究領域もそれに応じて拡大せねばなりません。

　音楽は人類社会の誕生に伴って生まれ、人類社会の発展に伴い発展しています。各民族において、その置かれた自然環境や産業と生活スタイルの違いから、様々な習慣、信仰や嗜好を形成し、様々な音楽現象が現れています。音楽は一度形成されると、民族や地域のなかで相対的に安定性を保ちますが、ほとんどの場合、社会生活の変化に伴って変化していきます。豊かに展開するものもあれば、萎縮して消滅するものもありますが、そうした変化は音楽事象においてよく見られる現象です。つまり現代生活の中で保存されている音楽はまた、非常に複雑な変化を経ているといえるでしょう。

　多くの民族の民間音楽は主に口伝によって伝承されたものです。それは各民族の生活に対して歴史的な影響を及ぼすものです。こうした影響は物質面に現れるだけでありません。さらに重要なことに、民族の心理要素が形成される際に強く現れるのです。音楽の伝承は言葉抜きには考えられません。各民族の神話、伝説、説話、民歌、叙事詩といった、音楽事象に含まれる口述文学の伝承だけが言葉を欠かせないのではありません。生産、生活習慣も補助としての言葉を除外できないのです。例えば生活習慣の伝授、飲食や服装の製作、宗教行為の伝習などは、行為を主体としていますが、言葉の補助機能が欠かせません。

3．侗族琵琶と琵琶歌の研究概況

　中国侗族琵琶歌の研究は1958年に学者趙洪滔が湖南省通道侗族自治県の音楽について調査したことに端を発しています。侗族琵琶歌もその調査に含まれています。その後、1966年から1976年までの「文化大革命」の間、少数民族の音楽の研究は中断されてしまいした。1979年以降には侗族の音楽についての書物や楽譜が出版されるようになりました。1986年に袁炳昌、毛継増の編著で出版された『中国少数民族楽器誌』の中で侗族琵琶が紹介されています。1984年中国芸術研究院音楽研究所編の『中国音楽詞典』の中でも侗族琵琶の紹介があります。そして『中国少数民族芸術詞典』『貴州少数民族楽器100種』『貴州音楽文集』『侗族通覧』などの中では侗族琵琶歌の写真も載せられています。侗族各地の琵琶には統一された形態はありませんが、研究者たちが撮った写真や図はほとんど大同小異です。

　1987年、広西壮族自治区三江侗族自治県により編集出版された『侗族琵琶歌』には歌詞だけが収録されています。この本の特徴は、中国普通語による漢字表記で出版されていると同時に漢字を用いた侗音の歌詞もついている点にあります。内容は、賛歌（鼓楼賛歌、労働賛歌など）、歴史事件歌（侗族歴史上の重大な事件を歌う）、世帯人情歌（父母に対しての感恩歌、嫁姑が対立しないことを願う歌、家族和睦の歌など）、情歌（恋の歌）、叙事詩である。この本は三江侗族自治県内では広く流布しており、地元の人はこの本を見てすぐ侗歌を歌うことができます。

　しかし、侗族北部方言区の人々はこの本を見ても歌うことはできません。1993年湖南省少数民族古籍弁公室編で、岳麓書社から出版された『琵琶歌選』では、琵琶歌が演奏（唱）の順番に基づいて記録されています。まず琵琶歌の①開場歌（初めの歌）、②民族起源歌、③歴史人物歌、④地方結盟歌（団結の歌）、⑤勤勉労働歌、⑥伝説叙事歌、⑦情歌、⑧収場歌（終わりの歌）となっています。この本も中国普通語による漢字表記で、歌詞だけが収録されています。1998年私は湖南省通道侗族自治県にフィールドワークに行き、『琵琶歌選』の

収集編集整理を行った楊錫氏と面談する機会がありました。収集した侗族琵琶歌はすべて1963年から1965年までのもので、湖南省通道侗族自治県で採録したものであるということでした。しかし、楊錫氏（1939年生まれ）は当時の歌い手の年齢をすべて聞いておらず、漢字表記侗音のものもありません。侗族である楊錫氏は侗文を用いることに熱心で、1988年湖南省通道侗族自治県でフィールドワークを行った時にも侗文使用を提唱し、それに伴い侗文を学ぶ学生も増えました。『琵琶歌選』の付録では一曲だけ侗文で記録された琵琶歌がありました。それ以外には、中国民間文芸研究会貴州省分会内部で編纂された『民間文学資料』の分冊に侗族琵琶歌もあります。1985年6月に貴州人民出版社から出版された『貴州侗族音楽』は貴州省侗族音楽のジャンルを紹介し、侗族大歌と侗族琵琶歌を紹介しています。私は1998年に『貴州侗族音楽』の著者である鄭寒風氏に会う機会を得ましたが、聞いてみると鄭氏の資料はほとんど1950年代のものだということでした。本の中には数字譜もあり、表紙は侗族の娘さんが琵琶歌を演唱、演奏している写真もあります。漢族である鄭氏は長い間、少数民族地区に生活して、簡単な侗族の言葉も話せます。残念ながら、現在、鄭氏は健康状態があまりよくなく、再びフィールドワークを行うための条件が整っていません。さらに、研究経費の面でも苦しいものがあり、フィールドワークの継続は無理とのことでした。

1994年10月に出版された『中国民間歌曲集成』湖南巻（上、下）は、中華人民共和国文化部、中華人民共和国国家民族事務委員会と中国音楽協会が共同で作った「国家重点科学研究項目」です。この本は湖南省の代表的な民歌をすべて収集しています。漢族、土家族、苗族、瑶族、族の民歌は分類により記載されており、侗族の民歌は79曲が収集されています。この中の62曲は通道侗族自治県のものです。15曲は新晃侗族自治県のもの、2曲は靖州苗族侗族自治県のもの、楽譜は数字譜で、歌詞はすべて漢文と侗文で記録されています。しかし、琵琶歌は2曲だけです。

私は子供の頃（1968年から1971年まで）通道侗族自治県で3年間生活したことがありますが、その時は通道侗族自治県で大歌を一度も聞いたことがありませんでした。1988年のフィールドワークの時も大歌は耳にしませんでした。

1997年と1998年の夏、フィールドワークのため通道侗族自治県を訪れ、「通道侗族自治県には大歌がありますか」と尋ねたところ、県文化局の幹部と村の歌い手はともに次のように答えました。「われわれは大歌を歌いません」。この本にも侗族大歌は1曲も記録されていません。

　侗族民歌の編集整理の責任者は趙洪滔氏です。『中国民間歌曲集成』貴州巻（上、下）は1995年12月に中国ISBN中心から出版されています。貴州省の侗族人口は全国侗族人口の55％を占めています。貴州省の侗族は大歌を歌い、琵琶歌も歌います。この本に収集されている侗族の歌は316曲、大歌は79曲、琵琶歌は9曲です。楽譜は同じ数字譜で、歌詞は漢文と侗文で記録されています。この本は中国では重要な本ですが、残念なことに現在まで全部数字譜を用い、5線譜が使われていません。1997年7月貴州民族出版社から出版された張勇氏編集の『侗族曲芸音楽』は、初めての侗族琵琶歌に関する本です。全部で63曲が収集されており、この中で琵琶歌は36曲あります。1939年貴州省榕江県侗家に生まれた張勇氏は、1958年師範専門学校卒業後、教師を経て、文化局の職員になり、漢語、侗語とも話せ、表記もできます。1997年夏、私は張勇氏に会う機会を得ましたが、聞いてみると張勇氏は長年侗族の村を訪ね生活し、侗族の歌い手の友人もたくさんいるそうです。張勇氏は豊富な経験を持っています。張勇氏と会う前に氏の論文（漢文）を拝読したこともあります。尊敬すべき研究者ですが、張勇氏の採録された歌い手の年齢記録には生年月日が含まれていません。「青年歌手」「中年歌手」「老年歌手」という書き方でした。私は「青年歌手」とされている方を何人か訪ねてみて驚きました。なぜならその方々は50歳くらいだったからです。

　現在中国の経済は成長を続けており、これからさらに文化の研究も進んでいくと思われます。中国には56の民族があり、少数民族文化の研究はこれからさらに幅広く行われることでしょう。すでに中国少数民族音楽学会が継続的に活動しており、近年には侗壮音楽学会も成立し活動を始めています。

4．本研究の目的

　侗族琵琶歌は口伝心受で伝承された音楽です。私はまず大学時代（1986～1991年）に音楽学の方法論を勉強しました。自分にとって有利な点といえば、子供の頃（1968～1971年）侗族地区で生活したという経験です。その間、私は侗族の風土と人情から大きな影響を受けました。1988年頃、音楽学の学生として侗族地区に行き、侗族琵琶歌のフィールドワークを行いました。そして、音楽学の方法を用い、侗族琵琶歌に対して、総合的な考察を試みました。すなわち、いくつかの琵琶歌の音楽だけを分析するのではなく、琵琶歌が侗族の人々の生活の中で、どのような社会的機能を果たしているかということを重視しながら調査しました。1992年6月に私は留学生として来日し、日本の研究者の方法を勉強しました。最初は東川清一教授の指導を受け、修士課程では音楽美学者の足立美比古教授の指導を受け、文献資料を中心に勉強しました。1996年4月から博士課程に入り、民族音楽学者山口修教授の指導を受け、フィールドワークの方法論を中心に勉強し、1997年と1998年の夏、再び侗族地区でフィールドワークを行い、侗族琵琶歌に対して、文化的な考察を試みました。

　「文化」とは一体何でしょうか。山口修教授は次のように述べておられます。「文化は、人間が生きているかぎり、いつでも、そしてどこにでも形式されるものです。人間集団が生存し生活をおくってゆく時空が規模の大きい場合にしろ、またどんなに小さな場合であっても、文化はつくられます」（山口1996：5）。侗族の場合は文字を持っていないため、自民族の歴史知識から、生活知識まですべて口伝の形式で伝承され、この中で琵琶歌は大きな役割を果たしています。「文化には、歴史的な重みがあります。ある集団の遠い昔をしのぶことのできる何かが現在の、そして未来の文化のなかに潜んでいるということです」（山口1996：8）。これは山口修教授の言葉です。私の侗族琵琶歌の研究は、単に琵琶歌の研究ではありません、侗族の文化を研究して、侗族琵琶歌が侗族の人々の文化生活の中でどんな役割を果たしてきたかを明らかにすることこそが本研究の目的です。

第 1 章

多民族国家としての中国

　中国は、多民族国家です。12億人とも14億人ともいわれる総人口のなかで、漢民族が約94％という大多数を占めていますが、このほかに55もの少数民族が、辺境地帯を中心にして全国各地に住んでいます。しかも、少数民族とはいっても、その人口は数千人から数百万人という幅があり、「少数」の規模が外国の場合と大きく異なります。これら多くの少数民族はその系列も多彩であり、狩猟採集民・遊牧民・半農半牧民・焼畑移動農耕民・定住農耕民・都市居住民など、社会進化論的にいえば、あらゆる「発展段階」の民族が存在しています。

　少数民族は、中国の中では民族区域自治総人口の約8％を占めるに過ぎませんが、彼らが居住する面積は中国の総面積の60％以上を占めています。主に、内蒙古（モンゴル）自治区、寧夏回族自治区、新疆維吾爾（ウイグル）自治区、西藏（チベット）自治区、広西壮族（チワン族）自治区、雲南省、貴州省、湖南省などの辺境地帯に大多数が居住しています。居住分布の特徴は、長い歴史の過程で「大雑居」「小詔居」「交錯居住」の状態になったといわれています。総体的に、雑居傾向にあり、その中に民族自治区（州、県、郷）が設けられています。ただし、その地区以外の散居少数民族の比率も少数民族全体の約4分の1以上にのぼり、その「散居化」あるいは、漢族との「雑居化」傾向は近年ますます強まりつつあります。

1．少数民族の服装

　中国の少数民族の服装は多彩にして華麗であり、それぞれ民族ごとに特色を持っています。それは各民族の優れた伝統文化の重要な一部となっています。

　服装は人類の最も基本的物質文化の1つであり、必然的にその民族の経済的生活レベルと自然環境に適応したものです。自然経済が支配的な民族地区における服装作りは家庭作業、手作業に頼り、根本的には生産者の需要を満たすためのものであって、原料、紡織からデザイン、装飾までそれぞれの民族性や、地域性の特徴を持っています。魚をとって生活していたホジュン（hezhe）族は魚の皮を利用し、狩猟生活のオロチョン（elunchun）族、エヴェンキ（ewenke）族はノロジカの皮で、牧蓄業を営むモンゴル（meng gu）族、チベット（zhang）族、カザフ（hasake）族、キルギス（keerkezi）族、ユーグ（yugu）族などの民族は家蓄の皮と毛でそれぞれ衣服を作っています。農耕にたずさわる少数民族は綿、麻、絹を衣服の主な原料としています。少数民族の紡織、皮なめし、毛氈織りなどには長い歴史があります。リー（li）族の木綿布、チベット族の氆氌(pulu)（羊毛織物の一種）、ウイグル族のアイデリー・シルク、オロチョン族の毛皮製品は古くから有名です。

　民族服装は民族間で違うだけでなく、民族の内部集団、省、県、村ごとの地区によっても異なっており、服装は各民族集団を見分ける特徴となっています。中国のように土地が広く、民族が多く、社会発展が不均等な国においては、教育水準、文化教養、自然環境、地理、気候の違いによって、各民族の服装はかくも多種多様です。

　少数民族の社会では刺繍、染織の技術はかなり高く、服装の飾りに広く生かされています。これも民族服飾の特色の1つです。刺繍は各民族がたいへん得意とする手芸で、一般に頭巾、ベルト、エプロンや、襟、袖口、ズボンの裾、スカートの縁などに施し、飾りとしてだけでなく実用的でもあります。刺繍の方法はさまざまで、模様の種類も多く、自然風物、吉祥図案、幾何学模様などバラエティーに富んでいます。それら刺繍においては、模様、色調、手法を問

わず、各民族の個性と特徴が示されており、一部の民族は刺繍の技術水準が非常に高く独自の様式を生み出しています。

　中国南部の多くの民族は優れた錦織りの技を今に伝えています。チワン(zhuang)族、トゥチャ（tu jia）族、トン(dong)族、タイ（dai）族などの少数民族の錦織りの技術はとても高いものがあります。簡単な織機を使い原色糸を横糸の錦を織り出し、それで服、スカート、頭巾、ショールなどを作り上げています。

　少数民族の刺繍や織物の手工芸は、長い伝統と、それを受け継ぐ世代的な広い基盤があります。実際に彼らの社会では、手芸の上手、下手は女性の才能と価値をはかる重要な尺度ともなっています。娘たちは小さい頃からその技法を学び、その腕前を競っています。したがって立派にでき上がった衣裳は娘たちの知恵の結晶であり、また民族の伝統工芸の集大成でもあるといえます。

　民族服飾は歴史の産物でもあります。服飾も常に生活条件の変化に伴って変わっていきます。中国の各民族は、雑居と散居の現象が普遍的現象ですが、往来も密接です。そのため、民族服飾の変化は政治、経済、文化の発展という一般的要素のほかに、民族間の相互の影響も重要な要因となっています。民族によっては、その地に一緒に住んでいる他の民族の服飾と似ているか、同じである場合が少なくありません。

　少数民族の服飾も今大きな変化の時期を迎えています。一部の伝統的民族服飾工芸は大きく発展しましたが、現代の生活にそぐわないからと工芸や複雑な服装などは改良されつつあります。

　侗族の服装は、青、紫、白、藍などの色彩を主に用いています。南部の山間地では、男性は右開き襟なしの短い上着に、ターバンを巻き、長い布で腰をしめ、ズボンを穿いています。女性の服装は、大体スカート姿とズボン姿の2種類に分けられています。貴州省の黎平と榕江の境界地区、榕江西北一帯の女性はスカートを穿き、冬から春は襟なし、右開きの上着を着、夏は細い袖、襟なし、ボタンなしの前開きの上着に、胸あてをつけ、ベルトをしめます。短いスカートにエプロンをつけ、ゲートルを巻き、「捲鼻雲」と呼ぶ刺繍靴を穿きます。榕江西北一帯の女性の上着は袖が広く、おくみはありません。縁全体に緑飾りが施され、スカートの長さは膝を越えています。黎平と錦屏の接する地帯

および都柳江両岸と黎榕道路沿線の女性は長いズボンを穿き、上着は襟なしで、長さは膝までであり、三角頭巾をかぶります。服の袖とズボンの裾の部分に、緑飾りを施しています。また、ゲートルを巻いて、頭侗（スカーフ）をかぶります。錦屏と湖南省の通り道、靖州一帯では、右開きの襟なしの服ですが、肩あてと銀色のボタンがついており、ベルトをしめ、長いズボンを穿き、四角形のスカーフをかぶります。侗族の女性の衣服にはふつうボタンを使わず、帯を使います。祝祭日には、女性たちは伝統的な、光沢のある紫色の衣裳を着て、銀制の造花や玉を頭に飾り、腕輪、指輪、耳輪をはめ、首飾りを何重にもつけたり、また竜や鳳の図案の銀冠をかぶったりします。

侗族の娘たちは刺繡を愛し、一着の服にしばしば数百もの花を刺繡します。嫁入り道具のなかには、一友（50キロ）もの新しい刺繡した衣裳のあることが誇りとされています。紡織と裁縫の腕の良さを見せるために、女性たちは8枚、9枚ものひとえの服を丈を少しずつ短くして作り、それを家族の男性にはしご段状に見えるように重ね着させて自慢します。それに加えて、頭には光沢のある紫色の布をかぶり、刺繡を施した藁のサンダルを穿いた姿は、質朴で趣があります。

昔の侗族は男女ともまげを結い、模様で飾った腰帯をしめていました。女性は尖形のまげにかんざしを2本差し、大きな耳輪をはめ、ズボンを穿いた上に短いスカートを重ねていました。スカートはひだが細く、腰の後ろに模様を刺繡した布を一枚巻き、胸にも刺繡した布をつけ、飾りとして銀貨をあしらっていました。未婚の女性は、三つ編みにした髪を頭頂に巻き上げるか、またはまげを2つに結っていました。結婚後はまげを平らに結い（子を生んでから平らに結う場合もある）、銀の櫛で留めて区別していました。今でも、若干の山間区では、古風かつ素朴な服装と伝統的な習俗が残っています。

侗族の紡織の歴史は長く、織りあげた「侗布」「侗錦」は、海外でも評判が良く侗錦、侗帕と模様飾りの腰帯は絢爛たる色彩、精美な図案とすぐれた刺繡で有名です。

2．少数民族の食

　中国の少数民族はその大多数が農業生産にたずさわっており、牧業、漁業、狩猟を営んでいるのは少数です。当然生産物の違いによって人々の食そのものも異なってきます。また生産のレベルや生活様式、宗教信仰、伝統的観念なども飲食のあり方や習慣に影響を与えます。食は物質的生活にとって一番重要であるばかりでなく、文化的生活の主要な一部でもあり、それぞれ民族ごとに特色を持っています。

　山地地帯に住む中国の少数民族は、それぞれの地理的条件に合わせて、小麦、大麦、トウモロコシ、青陝、蕎麦、燕麦、アブラ麦、アワなどを栽培し、これらで饅頭、麺類などを作ります。それらはただ種類が多いだけではなく、それぞれ地域ごとに特色を持っています。

　穀物を主食とする民族は、魚、アヒル、玉子、野菜などを調理、加工して副食にしています。各地方の特産物や気候の条件に応じて食べ物の好みが異なり、それぞれ独特の風味があります。一般的に、北部の民族は料理を調理するとき、山椒、八角、五味、みそ、酢などを使って濃い味を出します。俗に「住むなら山。歩くなら石の道。食べるなら酸っぱいもの」と言われています。南部の民族は気候の関係で、辛いもの、酸っぱいものを好むようです。

　少数民族は煙草、酒、茶などを客にすすめる習慣があります。多くの少数民族は酒を好み、相手にも酒をすすめます。また茶は少数民族の生活に欠かせない飲み物です。その歴史は長く、唐代のときから中原地区や辺疆地区には、すでに茶と馬の交易市がありました。中国料理のなかでも少数民族の料理は、さらに特色があるものとして挙げられます。モンゴル族、ウイグル族の羊料理、満漢全席の会席料理、回族のシャブシャブ料理などは、それ独特の風味を持っています。

3．少数民族の住居

　少数民族の伝統的な住居は、生業経済や自然環境、建築資材および社会構造、風俗習慣の違い、様式、造形、資材またその実用価値から建築技法においてそれぞれ特色を持ち、各民族のすぐれた才智を示しています。高床式は中国南部の多雨湿潤の気候や山間地という地理的条件に適した住居です。この様式は古代から受け継がれ、現在でも西南地区、中南地区に一部残っています。現存する初期の侗族地区の高床式住居は、独特な様式を持つ。様式も発展変化し、経済レベルや地理的環境の違いによって、様式も異なります。自給自足経済の拘束や社会組織・親族組織の影響を受け、多くの少数民族の住居建築も血縁関係と関わりがあり、同一家族、宗族ごとに共同で居住することが少なくありませんでした。

4．少数民族の交通

　中国の少数民族地区は大部分が辺境にあり、地勢が多様で、森林、草原、砂漠もあれば高原、丘陵、平原、河川、湖沼、海、渓谷もあります。古来、勤勉で勇敢な少数民族は新天地を開拓しながら、交通・運搬の方法と手段を絶えず考えだし、周囲の地区との交流を広めてきました。古代においてはその使用している運搬手段を民族の呼称とした民族もありました。

　近代的交通機関が出現するまで少数民族の運搬方法としては、自ら肩に担いだり、背負ったり、頭の上にのせたりするほかに、主に家畜の力に頼っていました。少数民族は漢族よりも古くから馬を運搬に使った歴史があります。

　小数民族地区にあるいろいろな橋の造形は、少数民族の知恵の結晶だといえます。橋という概念が両岸をつなぐものだと考えるなら、原始的なロープもこれに属するでしょう。

　侗族の「風雨橋」は民族建築芸術の傑作です。橋の上に亭があり、その造型がたいへん美しい。少数民族のロープから「風雨橋」までのさまざまな橋は、

少数民族の知恵で作り出された橋の発展の歴史にほかありません。
　今では、少数民族地区でも近代的交通手段が大きな発展を見、どの県にも自動車が通じ、どの村にも道路があり、鉄道が辺境地区まで延び、主な河川の航行も便利になっています。しかし、上述の伝統的交通手段もなお利用価値があり、今でもその生命力を失っていません。

第2章

侗族の概況

1．侗族居住の地理的位置

　侗族居住の地区は、およそ東経108度から110度まで、北緯25度から31度までの間です。これは湖南省、貴州省、広西壮族自治区が交わる地区です。1990年の統計によると、そのうち、湖南省には74.9万人余りが在住しています。また、新晃侗族自治県、通道侗族自治県、城歩苗族自治県と芷江県、靖県、会同県、緩寧県などに在住し、貴州省には140万人余りが在住しています。黔東南苗族侗族自治州の黎平県、榕江県、従江県、錦屏県、天柱県、三穂県、鎮遠県、剣河県、岑鞏県と銅仁地区の玉屏県、銅仁県、江口県および万山特区に在住し、広西壮族自治区には28.69万人余りがいます。三江侗族自治県、龍勝各族自治県、融水苗族自治県にも在住しています。湖北省には5万人余りいます。咸豊県、恩施県、宣恩県に在住し、侗族の全人口は251万人余りです。侗族地区の居住地域には、漢、苗、壮、水、布依、土家などの各民族が雑居しています。侗族在住地区の地勢は西北地域は高地で、東南地域は低地になっています。海抜は300mから2,000m余り、東の方には雪峰山という山があり、西の方には苗嶺という山があります。北の方には武陵山、佛頂山という山があります。南の方には九万大山と越城嶺があります。中央部には雷公山が西北から東南に伸び、これは長江と珠江の分水嶺で、清水河、㵲水、都柳江、潭江はこの間を貫流しています。侗族の地区は土地が肥沃で、平原および盆地が多く、年間降水量は約1,200mmで、平均気温は16度くらいです。その気候は春は霜が少なく、夏は酷暑が少なく、秋は豪雨が少なく、春は秋より雨量が多いです

1-1 交通

　侗族地区は水陸交通の便がよく、陸路の交通は湘黔鉄道が貴州省の鎮遠県、玉屏県、湖南省の新晃県、蘁江県を横切り、支柳鉄道が湖南省の靖県、新晃県、通道県、広西壮族自治区の三江侗族自治県を横切っています。道路は四方八方に伸びています。県と県、区と区には車の往来があります。郷と郷の間にも大きな道路があり、毎日バスが出ています。水路は府東に渠水があります。渠水は貴州省の黎平県、湖南省通道県、靖県を流れています。北には舞陽河が貴州省の鎮遠県、玉屏県、湖南省新晃県、蘁江県を流れ、清水江が貴州省剣河県、天柱県、錦屏県、湖南省洪江市などの地区を流れ、南の潯江と都柳江が広西壮族自治区龍勝各族自治県県、三江侗族自治県、貴州省の従江県、榕江県を流れています。これらの川ではすべて木造船が通行し、沿江の上流から、湖南省の常徳市、湖北省武漢市、上海市、広西壮族自治区の柳州市、広東省の広州市などの大都市に達しています。

1-2 産業

①農業：侗族の居住地域は穀物が豊富で、米の生産量は穀物生産量の80％以上を占めています。その他は、アワ、小麦、玉蜀黍、さつまいもなどを生産しています。有名な穀物生産地としては湖南省靖県の江東、通道侗族自治県の四郷、貴州省榕江県の車江、天柱県の藍田、5家橋、黎平県の中黄、中潮等が挙げられます。

②林業：侗族地区は全国でも有名な木材産地です。特に杉の産量が多く、分布地域も広いです。それに木質が良く、成長も早いの特徴です。貴州省錦屏県の杉は18年で良い木材になります。有名な林業地区は広西壮族自治区三江侗族自治県の溶江、貴州省黎平県の洪州、榕江県の楽里、湖南省通道侗族自治県の播陽等が挙げられます。毎年都柳江、清水江、渠水を搬送される木材の量は10万m^3に及んでいます。

③その他の産業：食用油の茶油と桐油の生産があります。食用油は潯江の両岸および貴州省の黎平県と広西壮族自治区三江侗族自治県の交わる地区で豊富に産出されています。桐油は湖南省新晃県、貴州省の天柱県、玉屏県、広西壮族

自治区三江侗族自治県、龍勝各族自治県、湖南省通道県で生産されています。生薬の材料も生産しています。その数は400種類以上あります。貴重な薬である麝香、牛黄、杜仲等を生産しています。野生動物には虎、豹、サル、狐、野生の豚、野生の羊がいます。水産物にはカメ、スッポン、山椒魚、鯉等があり、その中でも鯉の生産量が一番多いです。

2．侗族の生活

　侗族の村はいずれも山や川の近くにあります。大きな村は500～600戸、小さな村は30～50戸で、1家族だけ単独で住むことはありません。平野部に人口が集中しており、例えば貴州省榕江県の車寨は1,000戸の村です。一般的に、1つの村に多くの姓があります。1つの姓が大半を占める村もありますが、数は少ないです。多くの村の外れや周囲には老木がたくさん茂っていて、これらは「風水林」と呼ばれています。青竹や果樹が植えられているところもあります。特に南部の侗族の村には特色があります。渓流が村の周囲や村を横切って流れ、ところどころに橋がかかっています。また、木造高床式住居があちこちに建っています。

　公民館的な性格を持つ鼓楼は村民の姓が1つだけの村には1つあり、村民の姓が複数ある村にはその姓の数だけあります。どちらの場合にも、鼓楼は政治、文化活動の中心です。鼓楼の中には「火塘」（大きめの囲炉裏）があり、火が消えることはありません。毎晩、特に冬になると「火塘」の回りに多くの人

湖南省通道侗族自治県牙屯堡郷金殿村の鼓楼　1997年8月31日撮影

湖南省通道侗族自治県牙屯堡郷金殿村の寨門　1997年8月31日撮影

湖南省通道侗族自治県牙屯堡郷金殿村の鼓楼　1997年8月31日撮影

湖南省通道侗族自治県牙屯堡郷金殿村の全景　1997年8月31日撮影

が座り、老人の世間話を聞いたりします。正月や祭り、また来客を迎えるときには、鼓楼の中で歌や踊りが始まります。何か事件があれば鼓楼の中で相談します。盗賊が侵入した時には鼓楼の太鼓を叩き、成年男子がこれを聞きつけ必ず現場にかけつけて長老の指示を仰ぐことになっています。鼓楼がない村には、「お堂」があります。これは部屋が1つあるのみで、集会や相談場所にもなります。

　風雨橋は長廊式の木造で、侗族の知恵を集めたもう1つの建築芸術といえるものです。特に広西壮族自治区三江侗族自治県の程陽にある風雨橋は、精巧な

貴州省黎平県肇興村の鼓楼群この村の鼓楼は5つある。　1997年8月23日撮影

貴州省黎平県肇興村の鼓楼と風雨橋　1997年8月23日撮影

構造と美しい外観を兼ね備えています。国務院によって日本でいうところの国宝に相当する国家重点保護文物の一つに指定されています。程陽橋は全長64.4m、高さ10余m、橋脚は大きな黒石よりなり、橋梁は杉材で作られています。橋の胴部は長廊になっていて、途中に5層の塔の形をした橋亭が付設されていま

第 2 章　侗族の概況　23

貴州省黎平県肇興村鼓楼鼓楼の上の飾りは琵琶を弾いての人形がある　1997年8月23日撮影

貴州省黎平県肇興村鼓楼鼓楼の上の飾りは琵琶を弾いての人形がある　1997年8月23日撮影

す。風雨橋も鼓楼と同様にすべて杉を縦横に、ほぞで精確に組み合わせて作り、橋のどの部分にも釘や鉄類はまったく使っていません。その技術は侗族民間芸術作品という名に値するものでしょう。

　山間部には木造高床式住居が多く、床下では石を積んで薪や雑貨を収納したり家畜を飼ったりしています。人はその上部に住んでいます。家は山を背にした前半分がベランダのようになっており、広く明るく、光がよく差し込むので、一家の休憩や内職の場として使われています。山側のもう半分は普通の住まいで、中央に「火塘」があり、そこで暖をとり、煮炊きをしています。奥には祖先を祭った部屋があります。その部屋の両わきに寝室があります（富裕層は三階建てのものを、寝室、倉庫を三階にあてます）。一般には一戸建ですが、三江侗族自治県の苗江・八江・林渓一帯の村のように、大家族制で同じ造りの家を連ねてお互いに行き来できるように建てられた家もあります。祝い事や祭りで

広西壮族自治区三江侗族自治県程陽橋の橋頭　1997年8月31日撮影

広西壮族自治区三江侗族自治県程陽橋　1997年8月31日撮影

広西壮族自治区三江侗族自治県程陽橋の全景　1997年8月31日撮影

はこの家に集まり、宴会を催して客人をもてなします。天柱・新晃・榕江県の一帯の平地では大部分が二階建てで、一階に人が住み、二階に食料や使わない物をしまってあります。中央の部屋に神棚を設け、その両側に寝室を造ります。台所・家畜小屋は家のそばに別に建てています。川や崖に近い村ではそれぞれの地形に見合った建て方をし、木造高床式住居が多く見られます。屋根の先の反り返った部分は非常に高く、数尺から一丈に及びます。室内の家具の配置は基本的には平地の住居と大同小異であり、余り差がありません。

　食生活では米を主食とし、アワ・トウモロコシ・小麦・サツマイモなども食べますが、余り数は多くないようです。大部分の地方でうるち米を食べていますが、山地ではもち米を好んで食べています。副食には豚・牛・ニワトリ・アヒル・ガチョウ・川魚などがあり、野菜の種類は非常に多いです、青菜・ニラ・糸瓜・瓢箪が最も一般的です。牛肉や魚には、酸味のある辛い味つけが好まれています。野菜、肉、魚はそれぞれ木桶の中につけ込みます。それを「酸菜」「醃肉」「醃魚」と言います。とりわけ「醃肉」「醃魚」が珍重され、味は辛く酸味があり、香り高く、客人をもてなす御馳走に用いられます。男子は酒をたしなみ、またタバコも好みます。酒の多くはもち米から作られ、あるものは蒸溜し、あるものは酒粕とともに飲まれます。アルコールの度数は高くないものの（中国の酒はアルコール度数65度くらい）、一旦酔うとなかなか醒めにくいようです。酒は日頃たしなむほかに、来客をもてなすのに不可欠なものでもあります。

　ほとんどの地区で1日3食をとりますが、朝食と夕食には「油茶」を、昼食と夜食には普通の米飯を食べる1日4食のところもあります。食事のときは普通木製の食卓と低い腰掛けを用います。いつもおかず2品と吸い物を作り、碗と箸を使い、一家で食卓を囲みます。富裕層は来客を迎えると10何種類に及ぶおかずを用意します。ニワトリ・アヒル・魚・豚肉などを用い、またほ

かにも山海の珍味、果物、上質の酒も揃えたりします。山深い地方では生活が割合に苦しく、家は古くまた小さく、「火塘」を囲んで食事をしています。「酸菜」・「酸湯」・川魚やエビを常食とし、時たま「醃魚」・「醃肉」を口にします。主食のこわ飯はまず手を洗って各自が一口ずつ団子のようにして食べます。客をもてなす場合、豚や牛をつぶして1人に1串ずつ調理した肉を分配していきます。客は家の者と一緒に自由に食事を楽しみます。主人から酒やご飯をすすめられたりもします。肉は各自分配された分のみです。これは原始社会での食生活の習慣を色濃く残しているといえるかもしれません。

3．家庭と婚姻

　侗族の家庭はみな一夫一婦の父系による小家族です。息子は結婚して子供を得た後、父母や兄弟姉妹と別居し、別に親子二世代のみの小家庭を設けます。ただ、一人っ子や末の子は引き続き父母と同居するので、祖父母・父母・子供の三世帯同居の家庭もあります。また、曾祖父母も加わった四世帯同居の家庭、独身者や夫婦のみの家庭もありますが、さほど多くはありません。みな別居して働くようになると、父親が家長となって一家の経済を取りしきり、日常の事柄に対処します。父親が死んで息子がまだ幼い場合、その母親が家庭のすべてを取り計います。

　家の財産は通常は男子が受け継ぎ、女子は母親が嫁入りに際して実家からもらった田畑を継ぐことになります（これを「姑娘田」「姑娘地」と言います）。また母親自ら積み立てたお金等は娘に継がせ、息子にはこれを継がせません。娘があって息子のいない場合は娘婿に財産を継がせます。息子、娘ともにいない場合は養子をとって継がせますが、親類の者はそれに異議を唱えることはできません。

　分家の時は一般的に相続には母親の兄弟とその家族を参加させます。嫁入りのための財産以外は田畑、家畜、家屋等すべてを息子たちに等分に与えます。また、先に父母に「養老田」を与え、長兄に「長子田」を与えてから分配することもあります。

　父母は子供に対して扶養と教育の責任があり、子供は父母に対して老後の生

活を見る義務があります。「養老田」のない者は息子たちはお金を出し合ったり、代わる代わる家に引き取ったりして老後の面倒を見ます。葬式の費用は息子が分担します。両親ともに早く世を去った場合には、長兄が弟や妹たちをその成婚まで扶養する責任を負うこととなります。兄弟は別居して各自で自分の家を持っても、事故や病気など有事の際はお互いに助け合います。

家庭での分業は基本的に「男が耕し、女が織る」というものです。男はもっぱら農作業と重労働を行い、女は糸つむぎ・布織り・野菜作りや家事一般を担当し、田植えや刈り入れにも参加します。女が農事・薪割り・草刈り等何でも行い、男が家で子供を見て野良仕事は余りしない地方もわずかながらあります。

男女の成婚は割合早く、ほとんどが17、8歳で式を挙げます。双方の親の話し合いで進める場合が多く見られます。また当事者の恋愛から双方の父母の同意を得て結婚する場合も少なくありません。若者が父母の許しも得ず娘をさらって結婚するという極端な場合もありますが、その数は多くありません。その場合、若者の家の者が娘の家に近づくことは許されません。

正常の婚姻においては「見合い」「婚約」「挙式」などの過程があります。

「見合い」はその多くが友人の紹介によるものです。双方がお互いを理解しよい愛情を持った場合、新郎側が代理人を立て、求婚します。その代理人は両親が健在で子どものいる親友か同族の者から選ばれます。結婚の仲立ちを職業とする者はいません。

「婚約」の場合、新郎側の者が贈り物を携えて新婦の家に行って挨拶をします。挨拶に行くのは多くが女性です。その贈り物とお返しの量は、お互いの家の経済状態から判断して決めます。一般にアヒル・魚・肉ともち米などです。新婦側に金や銀の飾り物を贈らなければならないところもあります。新婦側はお返しに布・靴の布製の中敷などを贈り、その申し出に同意したことを表し、婚約が成立します。その後、正月や祭りに際して新郎側は新婦側に贈り物をします。こうした習慣は子供が生まれるまで続きます。子どもが生まれてからはだんだんと贈る回数を減らし、最後は行わなくなります。

「挙式」はそれぞれの地方における経済発展の度合い、また漢民族の文化の影響の程度によって異なるため、そのやり方にはいろいろな差が見られます。

南の地方では、挙式の期間は新郎新婦は寝食をともにしないところがあり、また新婦がいく晩か夫の家に泊まった後、実家に戻るところもあります。妻は田植えや稲刈り、正月や祭り、またその他の用事の時に呼ばれて夫の家に泊まり、翌日か数日後にまた実家に戻ります。妻は身ごもってから、夫の家に同居するようになります。これを「不落夫家」または「坐家」と呼んでいます。

　青年男女の恋愛のかたちは基本的に以下の 2 つに分けることができます。1 つは「甲寨」で、もう 1 つは「玩山」です。前者は南部方言地区に広まり、後者は北部方言地区で多用される言葉です。

　「甲寨」とは「娘探し」ほどの意味で、農閑期の夜、とくに冬の終わりから春の初めにかけての夜間、若者たちが三々五々、「琵琶」や「牛腿琴」をたずさえて娘の家の前で歌い、また自分の思いを語りかけて深夜に及び、時には明け方まで続けて空が白む頃やっと帰っていきます。貴州省榕江県の楽里一帯では、2 階に 1 人でいる娘が窓を開けると、若者がハシゴをかけてその窓下で歌を聞かせる光景が見られます。もし部屋に 2、3 人の娘がいると、窓下で 2、3 人の若者が代わる代わる歌を歌います。

　「玩山」は祭りの日や余暇に、市場へ向かう道で若い男女が時間を約束し、各自がそれぞれの相手を探し、時間になると 2 人のいつもの場所に行って愛を語り、歌を歌って楽しむ形です。こうした活動の中で、男女双方が意気投合すれば直ちに誓いの品を交換し、その後で男の家から人を頼んで娘の家に求婚に行ってもらいます。

4．侗族の祖母神「薩歳」

　侗族の生活ではなお原始宗教の観念が強く、多くの神の存在を信じています。山や川、老木や巨石、橋、井戸などのすべてが崇拝の対象です。そのため特定の山を掘ったり、老木を伐り倒したり、巨石を割ったりすることは一切されません。違反した者は「地脈龍神」を傷つけ、「風水」をそこない、村に「災難」をもたらすとみなされています。ある地方では元日となれば「水神」を拝み、川や井戸に手向けた香を焚き、狩りに出る時、必ず「山神」に祈りを捧げてか

ら狩りに出かけます。さもないと失敗したり、危険な目に遇ったりするといわれています。また火を「火神」として、旧暦の年末に村の全員がお金を出し合い、買った豚をつぶし「火神」に捧げ、火災の起こらぬように祈ります。侗族の信仰するさまざまな神の中には女神が非常に多いのは興味深いことです。

4-1 薩歳の呼称

「薩歳」は、侗族の人々の祖母神として崇められてきました。その呼称は地域によってまちまちで、「薩麻」「達麻」「薩様」「薩翁」「薩溜」などと呼ばれています。また、「薩歳」が祭られている場所を「薩堂」といいます。

4-2 薩堂の建築

薩堂の多くは村の中心に建てられています。中には鼓楼の傍や村の入口、村の傍に建てられているものもありますが、概して目立つ場所に位置しています。薩堂を建てるときにはまず深さ約 2 m弱、30〜40 ㎡程度の長方形や正方形、または円形状に地面を掘り、そこに鉄鍋を置き、その中に鍋、三脚、碗、箸、杯など銀製の生活用品や衣服、スカート等の紡績製品の複製品を入れます。そしてその上に同じサイズの鍋をかぶせ、土で覆い、さらに約 1 mの高さにまで土を盛ります（例えば湖南省通道侗族自治県地陽坪郷張黄村の薩堂の土包は幅 5 m、長さ 7 m、高さ 1 mです）。

「土包」にモクセイや千年松、または四季の花を植えます。薩堂の両側や後ろ側にも野葡萄や野莉藤が植えられています。なかには、屋根のある薩堂もありますが（玉頭薩堂など）、ほとんどは屋根がありません。薩堂の前には岩が置かれています。

薩堂を建てるにはまず、吉日を選んで儀式を行うシャーマンである老人が「寿衣」（日本でいう喪服）を着て先頭に立って行進し、後に続く青壮年の男たちは「芦笙」（笙の一種）を吹き、女子はスカートを穿いてお盆を持ち、古い薩堂や橋のたもとまたは河岸、山の麓まで薩堂に住む薩歳を迎えに行き、焼香し、献茶をし、爆竹を鳴らしたりします。男は芦笙を吹き、女は「薩歳耶歌」を歌い、生活用品と紡績用品を埋めた後、すぐに土を盛り、千年松や木犀、牡丹、

菊、梅、野葡萄、野侗藤等を植えます。

このようにして堂を建てます。

4-3 薩歳の祭祀

薩歳の祭祀は下記のように数種類あります。

「普通祭」

陰暦の1日、15日または新年や節句の折に侗族の村の各家庭では薩堂にお参りして焼香や献茶、豚肉等を供えたり、紙銭を焼いたりします。村によっては薩堂の田畑があり、祭祀を行う責任者がおり、毎日朝晩、薩堂で焼香し、明かりを灯し、薩歳に全村民の守護と家畜の成長、5穀豊穣を祈願します。

「出行祭」

侗族の村同士は昔から互いに招待し合い、芦笙の腕前を競う習慣があります。団体で他の村に招かれたり、「芦笙」の大会を開催したりするときはすべて薩堂で祭祀の儀式を行い、神の加護を祈願します。

「載時祭」

敵が攻撃してきた時には、戦闘能力のある村内すべての男女が武装し、薩堂で儀式を行い、神の守護と戦いの勝利を祈願します。

3年に一度の「大祭」と1年に一度の「小祭」があります。祭祀を行う時は豚や鶏をつぶし、祭壇に香、酒、肉を供え、紙銭を焼き、芦笙を演奏したり、爆竹を鳴らしたりします。そして祭師（琵琶歌師）に薩歳詞を朗誦してもらいます。

「耶祭」（唱歌）

陰暦の正月に各村の青年男女が互いに村の歌を競う習慣です。薩堂の周辺や鼓楼で歌を競い合う時は、まず薩歳を称える「耶歌」を歌い、薩歳への敬意を表わします。薩歳を称える「耶和歌」の内容は基本的に同じですが、曲調は異なります。例えば次のような歌詞です。

　　　まず何処に薩歳堂を建てたらよいか
　　　幾千里もの道程をこの地までやって来た
　　　誰が薩祖になったのか
　　　誰が祭師になったのか

誰が薩歳を迎えに遣わされたのか
薩歳は村の何処にありや

4-4　薩歳を迎え薩堂に帰る

　薩歳は侗族の村の平和を守り、人畜を繁栄させ、5穀豊穣の御利益がある女神であると侗族の年輩者は言います。薩歳女神は薩堂を離れることもあります。もし薩歳女神が村の薩堂から離れたら、その村は真夜中に鶏が鳴いたり、人や家畜が疫病にかかったり、不作になったり、水害、干害、火災等の災難に遭うといわれています。このような場合、全村民は鼓楼に集まり、薩歳を迎える儀式を行う相談をし、祭師によって選ばれた吉日に薩歳を迎えます。吉日に祭師は2人の弟子を連れて道案内をし、2人の若い女性が侗族の民族衣装を身につけお茶を運び、男性は芦笙を吹き、女性は侗族の固有のスカートを穿きます。全村民が参加して爆竹を鳴らし、河岸や橋のたもと、あるいは山すそまで薩歳を迎えに行きます。

　1946年、通道侗族自治県坪坦郷高歩村で薩歳を迎える儀式が行われました。伝え聞いたところによると、事の起こりは国民党政府が強制的に侗族の風習の改革を進め、県知事が侗族女性のスカートをめくったため、女神である薩歳はあの世でこの状況を見て恐ろしくなり薩堂から逃げ出してしまった。その結果、真夜中に鶏が鳴いたり、人々が病気にかかったり、子供に吹き出物ができたりしたため、全村民は黒豚を生贄にし、50cmの長さの野葡萄の蔓と5mの白茅（ちがや）がぐるりと囲っている薩堂を探して祭らなければ、薩歳は戻って来ないと巫師は言った、というようなことでした。

　村人は薩歳を迎えるリーダーを決め、黒豚や野葡萄、白茅等を探して吉日を選び、祭師を招いて薩歳を迎える儀式を行いました。祭師と2人の弟子が先頭に立ち、2人の正装をした侗族の娘が茶を運び5人の男が芦笙を吹き、青紫色の侗族のスカートを穿いた40人の女や老人子供が隊列を組んで山すそまで薩歳を迎えに行きました。古い薩堂に着くと祭壇を置き、豚の頭を1つと豚の腸、肝、肺等を二碗供え、香を焚きや紙銭を焼き、薩歳を祭りました。三碗ある豚の内臓の供え物のうち、真ん中の大きな碗は祭師に、両側の小さな碗は弟

子に渡しました。豚肉は村人達に均等に分けられ、薩堂で分け与えられた豚の脂等を子供たちが急いで食べました。野葡萄の蔓が薩堂を囲み、白茅が薩堂を包み込むようにと請い願い、祭師は薩歳を祭る詞を唱えて、村の平和を祈願しました。こうして薩歳を薩堂に迎え、すべての儀式が完了したのです。

4-5　薩堂のタブー

　薩堂の土包の周りはれんがや石の塊を積み上げたもので、そこに雨を避ける部屋を建てるところもあります。こうした部屋は常に清潔で厳かな雰囲気を保たなければならないので、子供が遊び回ったり、人がののしり合ったり、妊婦が部屋や土の山に上がったり、家畜が踏みつけたり、人や家畜が排泄したりすることなどを禁じています。

　薩堂の草木は一本たりとも損なってはならず、侗族の老若男女は、薩歳を崇拝しているのです。

4-6　薩歳文化の特徴

　薩歳は侗族によって、古くから信仰され祭られている祖母神です。侗族は侗歌、侗耶、侗款などの祭歌によって薩歳を称える祭りを行います。陰暦の毎月1日や15日には薩歳を追想して香を焚き、茶を供え、新年や節句には酒や肉を供えて香を焚いたり紙銭を焼いたりします。また集団で他の村を訪問する場合には薩歳に向かっていとまごいをし、村に水害、干害、火災、風災等の災害や、真夜中に鶏が鳴いたりするような災いが起こらないように平安無事を祈願して祭りを行います。1年に一度の小さな祭りと3年に一度の大きな祭りでは、人々が健康で家畜も良く育ち、雨がちょうどよい時期に降って五穀豊穣であるよう祈願します。薩堂がある場所では、荘厳さを保つために人や家畜が踏み荒すのを禁じています。「薩麻」とはすなわち天下最大の祖母神で、至上最高の神です。「達摩天子」や「薩天巴」と同等です。歌はまず先に薩歳の歌を歌い、神を招く時には先に薩歳道祖神を招きます。薩歳を祭る時は、必ず青いネッカチーフ、青い衣装、青いズボン、青いスカートを身につけ、白い服やズボン、スカート等は身に付けられないことになっています。1949年以前は、薩歳は侗族の人々の心の中で至

上最高の存在であり、古くから伝わる最大の祖母神でした。

　薩歳の文化は薩堂建築、薩堂の生産用具や生活用具、薩歳歌、薩歳耶、薩歳款、薩歳の祭詞、薩歳を祭るための供え物、薩歳を祭り迎える儀式、薩歳に関連する物語や伝説等すべてを含んだものです。薩歳の文化は迷信めいたもの以外は、人々に教訓を与えたり奮い立たせたりする良い教材です。伝説によると薩歳は労働、紡織、歌等の達人であり、生産生活のすばらしい構築者です。薩歳は公正誠実であり、喜んで人助けをし、声望の高い神でした。薩歳の文化は侗族にとって、団結して積極的に敵に対抗する役割を果たしました。薩歳文化は侗族文化全体の重要な要素であり、大きな特徴でもあります。また侗族の生存、発展において切り離すことのできないものなのです。1949年以後、道路の整備や水田の耕作などは侗族民の同意を経て、侗族の人々の手によって成されました。坪陽、坪坦の高歩、地陽の老湾では相次いで3つの薩堂が掘り起こされ、鉄鍋、杯、銀製の箸、茶碗などが発見されました。中でも最も出土品が多かったのは坪坦高歩の薩堂でした。その内訳は銀製の箸（長さ五寸）、碗、杯、柄杓、はさみ、鉄製の台（ものを焼く時に使用）、銅製の壺、ペンチ、三脚、鉄製の鍋、素焼きの壺、磁器製の壺、茶瓶、大鍋、灯明台などでした。

4-7　薩歳文化の変遷

　薩歳文化は侗族の原始社会である母系氏族の時代にすでに存在していました。最盛期は侗族の封建社会の時期で、侗族社会の発展に伴い人々の思想も変化していき、薩歳文化も絶え間なく変化してきました。特に中華人民共和国成立以後、社会の物質条件の変化や科学文化の発展につれ、侗族の薩歳文化もさらに大きく変化し、しだいに現代文化に取って代わっていきました。例えば、朝晩薩堂に香を焚きにいったり、正月1日や15日に薩堂にお茶を供えたりする人は年々減り、薩歳歌を歌ったり、薩歳を祭る祭詞を詠む人も減ってきました。新年や節句の度に薩堂に明かりを点けたり、酒や肉を供え、香を焚き、紙銭を焼いたりする人も減りました。他の村を訪問して薩堂にいとまごいをしたりする人、また真夜中に鶏が鳴いたり、水害や干害、火災、風害、疫病などの災害に遭わないように幸福を祈願する人も年々減ってきました。1年に一度の

小祭や3年に一度の大祭も行われなくなりました。薩堂が道路や水田になってしまったところもあります。侗族民の薩歳に対する観念は年々希薄になってしまい、1949年以降に生まれた侗族は薩歳文化にかなり疎くなってきてしまいました。薩歳文化が現代化するのは必然的なことであり、これは社会が発展していくことからみても必然的なことです。しかし、薩歳文化は1つの民族の歴史として守っていかなければならないものです。

5．侗族の鼓楼と鼓楼文化

侗族には悠久の歴史があり、しかも光輝く伝統文化があります。侗族村落の公共施設としての鼓楼およびそれを中心にして展開される鼓楼文化はその奥深い伝統を象徴的に集約表現したものと考えられています。ここでは、先行研究派である余達忠1989、楊秀緑1989を参考にしながら簡略に記します。

5-1　鼓楼の始まり

学界では一般に、侗族の鼓楼の始まりに3つの説が唱えられています。すなわち、ポイントは「鼓楼の形成が侗族村の形成より前か、後か」ということです。筆者は、鼓楼は村の成立以前にできたとする一番目の見方に賛同しています。なぜなら、鼓楼が先に立ち、薩歳堂が立ち、後に柵や塀を巡らせた村ができたという伝承情報に合致しているからです。それが侗族の村の伝統的な成立事情です。一般に歴史学、民族学、人類学、建築学等の観点から考察すると、人類はまず樹の上の住居、ほら穴の住居といった集団の居住形式から個別の住居に分かれていたと考えられています。平屋から二階建てになり、さらに高層へと発展してきたのです。侗族の祖先もずっと以前にはやはり共同家屋で生活していたと考えられています。侗族にとっての共同家屋は鼓楼にほかならないと考えます。鼓楼は侗族祖先の最も古い共同家屋だったのです。侗族の鼓楼は共同家屋の性質を保ち続けて現在にいたっています。ただ鼓楼建築の芸術性が代々発展し、新しいものが作り出されてきたにすぎないのです。

筆者自身も侗族地方で幼少年時代を過ごしました。その当時も、夜が明ける

とすぐに鼓楼で活動が始まり、鼓楼で話を聞いたものです。外の村から来た客人やこの村から外へ出かけて帰って来た者が、外の世界のいろいろな新しいことを話していたのをよく聞きました。鼓楼で歌を学び、芦の風笛の吹き方を学びましたし、鼓楼で外の村からの団体客との宴会に参加したこともありました。また祭りや議事活動に参加したこともありました。

5-2 侗族鼓楼の構造

　侗族鼓楼は平屋様式、宮殿様式、宝塔様式など、いろいろな様式によって造られています。その中では宝塔様式が最も代表的です。宝塔様式鼓楼の形式には四角形、六角形、八角形があり、1階、3階、5階、7階、9階、11階、13階、15階建てがあります。最も高いものは17階建てです。階数は一般的に奇数を用い、偶数は用いません。鼓楼の上の部分は漢民族の建築様式である弓形角材構造の角層です。一本10mくらいの長さの赤杉をもって最上の柱とし、柱の先には二つの上下対称的な鉄なべが貫通していて、各階を貫き、1mの長さの鉄先を残して、するどく頂上へ突き出ています。鼓楼はすべて木造で、侗族の職人は緻密な技によってに建てられています。1つの金属釘も1つの鋲も施さず、柱、角柱木材の横切り、斜めかけなどの技法が施されています。あづまやの頂きのすぐ下のところでは、各層のはりの上端が竹釘とゴムで固定されています。石灰を混ぜた瓦を用い、軒の角あたりの下面には龍、鳳凰、魚、蟹、海老等の動物の図案が施されています。総じて美しく壮観で、人を佳境に引きいれる力を感じます。侗族鼓楼の各層が上にゆくにつれ、青瓦は清らかさをたたえ、軒が高くそびえ、はるか空まで続くように見え、民族の特色をたっぷりと備えたものとなっています。これは侗族独特の建築です。一方漢族の鼓楼は宮殿様式で構造も侗族鼓楼ほどには複雑ではありません。侗族鼓楼にも当然警報を発信する機能はあります。しかしその主な社会的機能は侗族の教育であり、文化活動の中心であり、経験交流を生み出す中心となっているのです。

5-3 侗族鼓楼文化の内容

　鼓楼は侗族村落の象徴です。鼓楼伝統文化は鼓楼そのものにあるだけではあ

りません。村人たちのために果たす機能も重要であるため、建築芸術の精髄であると同時に民族文化の宝ともいえるのです。さらに重要なのは、鼓楼を囲んで行われる政治活動、警備活動、経済活動、文化活動といった社会生活に関わる側面です。侗族は鼓楼で生産に関する相談をします。侗族はまた稲作や、魚の養殖を行いますが、稲作と養殖を行うためには水利事業を興すことが主要な条件となります。侗族の祖先は多くの堤防や水車を作りましたが、毎年大雨が降って増水し、水が強い勢いで流れて、それらを壊してしまうことがあります。そこで毎年鼓楼に村人が集まり水利施設を新しく建設したり、補修をしたりする相談をしなければなりません。小規模な水利施設は1つの村で自分たちの村の組織力で建設しています。大規模な水利施設ともなると、いくつかの村が属している地域でそれぞれの鼓楼に集まって相談したうえで、代表を出してさらに綿密に相談し、各村落の力を組織的に結集して共同で建設しています。

　また、橋や道路の補修も鼓楼で相談します。侗族地区は山岳地区で、小川が複雑に入り組んでいるところに位置しています。山に登り田を作るには、山道を歩かなければならず、川を渡るための橋を渡さねばなりません。山道、橋梁は大水で破損するので、毎年補修します。道周辺の雑草や雑木も取り除かなければなりません。そのためにも毎年鼓楼で相談し、村の組織力で補修しなければならないのです。

　生産を保護するために、毎年鼓楼で村民の規約を議決発表し、伝統的なしきたりの確認が行われます。みだりに牛、羊、鶏等を放牧することを禁じ、さらに家畜、家禽が農作物を食い荒らすことがないように通達されます。村の規約に違反したものはいくらかの農作物やお金を納めねばなりませんでした。

　生産保護のために、毎年鼓楼で狩りの相談をしています。侗族の居住は山岳地帯であるため、狼、虎、豹、イノシシ等の野生動物が作物や人や家畜に危害を加えるのです。

　侗族では山を焼き集団牧場を作り、全村の牛を順番に見ながら育てるという習慣があります。集団牧場を作るには毎年冬に火を放ち山を焼かねばなりません。枯れ草を焼くと、春にはやわらかい草がはえてくるからです。山を焼く前には、周囲への火の広がりを防ぎ、山林を焼いてしまわないため、あらかじめ

木を切り出しておかなければなりません。組織力で火を止めるための道を作るという手順も鼓楼で協議して決められています。

また、鼓楼では、村の公共建築物についても協議します。侗族地区の農産物は多く、石臼加工を始めさまざまな加工を行うための建物が必要となっています。その建設と補修を行うことも、すべて鼓楼で相談して決められています。他に鼓楼の入口、井戸、公共墓地の建設などについても決められています。

鼓楼はまた文化的機能も果たしています。鼓楼や鼓楼のそばの平地で来客をもてなしたり、鼓楼の中で宴席を設けて客人をもてなしたりします。鼓楼の中では対歌（一問一答で歌う歌）をしたり、親しく話したり、鼓楼で侗劇を演じたりしました。また、琵琶歌が歌われ、村の老若男女や他村の民衆がやって来て見たり聞いたりもします。

鼓楼では琵琶のひき語りも行われます。1曲終わるとまた続けて1曲、一晩また一晩、聴衆はますます多くなり、ますます人を引きつけていきます。鼓楼では老人から物語を聞き、古い話に込められた教訓を学び、来客から新しいことを聞き、見聞を広めます。子供は鼓楼で歌を学び琵琶を弾くのです。

鼓楼ではまた侗族祖先および侗族の神を祭る相談もします。要するに、侗族鼓楼は侗族の政治、経済、文化すべての活動の中心なのです。

5-4　侗族鼓楼文化の歴史作用

鼓楼は侗族の経済活動や文化活動の拠点です。それは侗族社会の発展と進歩を促しました。具体的に言うと、第一に鼓楼文化は侗族内部の団結を強め、社会の安定を保つ良い働きをしました。内部の争いを仲裁することを通して、村と村の間で、互いに行き来して密接な関係を作り出してきました。そして共同で盗賊を防御し外敵から村を守る等の活動を通して、民族内部の結束力を強めてきました。第二に鼓楼文化は侗族の生産を組織化させ、侗族地区の経済を大きく発展させてきました。すでに述べたように、侗族は鼓楼で堤防、水車、溝の建設事業を行い、橋を建設し、道を補修し、狩りをする等の相談をしてきました。これらは侗族地区の生産を組織する働きを有していました。鼓楼を通して、生産の経験を紹介するなど、生産を推し進める働きはとても大きいもの

がありました。第三に鼓楼文化は侗族の広大な民衆に深く広い教育をする働きをしました。侗族は話し、踊り、歌い、琵琶を弾き、物語を話す等の活動を通して、村のメンバーにいつもきめ細かな教育を行ってきました。

侗族の客をもてなす言葉も、祈る言葉も、歌の歌詞も、物語の内容もきわめて豊富であり、それらはほかでもない侗族の口頭教科書なのです。鼓楼文化を通して、代々伝え、代々教育し、自分で田を植え、食の問題を解決し、自分で綿を植え衣の問題を解決し、魚の養殖を行って生活を改善してきました。鼓楼文化は侗族の文化を説き、昼は門をあけ、夜も戸を閉めず、道に落ちているものは拾わないなどの道徳を説いたのです。

5-5 侗族鼓楼文化の新しい発展

1949年以後、鼓楼は現代的な科学知識を伝える場所となりました。侗族伝統の鼓楼文化は大量の新しい内容を消化することになりました。侗族老人が鼓楼で社会主義のいろいろな法律を学習し、人民政府が民族内部や民族間のいろいろなもめごとを正確に処理できるよう尽力しました。侗族青壮年は鼓楼で現代科学知識講座を聞き、科学技術を把握し商品生産を発展させました。ある地区の鼓楼では農民の夜間学校を開き、侗文と中国語を勉強させ、民族文化の質を高めました。

ある地区の鼓楼では現代劇と文化芸術を広め、繁栄させました。ある地方の鼓楼は図書館になり、侗族地区の文化生活を活発にしました。また別の地方の鼓楼周辺では定期市が行われ、物質の交流が盛んになり、ある地方の鼓楼では国内外の客を接待し民族と民族を発展させ、国と国の文化交流をし、侗族地区の政治、経済、文化に大きな変化をもたらしました。このような状況から侗族鼓楼で優秀な伝統文化と現代科学文化とが結合するのを予期することができます。鼓楼は将来にわたって侗族地区の政治、経済、文化の新しい発展を促進することになるでしょう。

第 3 章

侗族の音楽ジャンルと楽器

　侗族の男女は誰でも比較的歌がうまく、歌が歌えることを光栄と思い、そして歌の特に上手な人は「歌師」として多くの人の尊敬を受けます。年長の者が歌を教え、若い者は歌を歌い、そうやって小さい子は歌を学んでいきます。侗族の社会的なしきたりに応じた名字によって、または住んでいる村によって分かれて、歌のグループを作ります。南部の侗族の村では、いろいろな所でこれが見られます。歌は主に若い男女の恋愛活動の場で歌われますが、そればかりでなく、村と村の間で行われる社交活動の一環としても歌われています。結婚式などのめでたい時はもちろん、客を迎える時にも、歌を競い合って、楽しみを共にしています。同時に、ごく普通の日でも夕暮れ時になると、琵琶の音や、歌声などが聞こえ始め、それは深夜までずっと続きます。こうして、人々の交流は滞りなく進行するのです。
　侗族の歌は、穏やかで格調高いメロディーをもっています。また、歌にはいろいろな種類があり、内容も豊富です。南北それぞれの地区の方言に応じて、歌はそれぞれの特徴を持っています。南部侗族では、軽く、ゆったり歌うものが多く、歌の速さもゆっくりとし、叙情的で含蓄に富むものが多く見られます。合唱もあればまた、独唱もあります。また、楽器の伴奏がついた歌もあれば、伴奏のない歌もあります。自然な普通の声で歌うものもあれば裏声（ファルセット）で歌うものもあります。北部の侗族では、声高々に想いを歌い上げるものが多く、ゆったりとして、また開放的で明るく、激しいものもあります。単旋律が多く、自然な声でもあります。侗族の歌の調子、演奏形式は、その種類に準じており、大まかには合唱歌曲と伴奏歌曲に分けられています。

1．侗族大歌

　侗郷に行ったことのある人は、よく侗郷を「詩の故郷、歌の海」と呼びます。侗族の民謡は極めて豊富で、音楽から分類すると 2 種類に分けることができます。1 つは侗族民間の多声部合唱曲で、もう 1 つは単声部曲です。
　その多声部合唱曲は、侗語では「カロ」と言います。「カ」は歌の意味であり、「ロ」は大きいという意味です。それで、中国音楽界では侗族民間の多声部合唱曲を「侗族大歌」と言います。

1-1　大歌誕生の伝説

　大歌の生まれる土壌を形成する侗族は、山に寄り、水に臨むところを選んで、村を作るのが好きです。村の前に小川が流れ、村の端には古木があり、後ろには青山があります。侗族の人々は自らの手でこの美しい山地を開拓し、汗水を流してこの恵まれた豊かな土を耕し、灌漑し、知恵を持って豊富で多彩な民族文化を創り出してきました。侗族大歌はこの肥えた土で形成されたのです。
　次のような伝説が伝えられています。昔々、一群の若い男性と女性が山で働き、休む時、みんな木の下に坐り、しゃべったり笑ったりしていました。たまたま彼らの笑い声は山の中の無数の鳥と虫を笑わせ、その瞬間に山中の鳥や虫が一斉に鳴きました。その声は大きかったり、小さかったり、高かったり、低かったり、あちらこちらから湧き上がって、きわめて美しい響きでした。その若い男女らはこの美しい鳴き声に引き付けられ、みんな耳を澄まし、静かに聞き、陶酔しました。そして彼らは各種の鳥や虫の鳴き声の真似をして歌いました。ある人は高い声を学び、ある人は低い声を学びました。学べば学ぶほど学びたくなり、歌えば歌うほど奇麗になりました。こうして、「カロンロウ」（楊梅虫歌）、「カジヨ」（蝉之歌）、「カコト」（国鳥之歌）、「カヤ」（青蛙歌）等の多声部混声合唱が誕生したというのです。
　これが最初の「侗族大歌」—多声部混声合唱歌—であり、「諧声大歌」とも呼ばれているものです。「諧声大歌」は一般的には歌詞は短いです。社会の発展

と進歩に伴い、その時々に歌で自分の感情を表し、歌で自分の生活を映し出し、美しい未来に憧れるようになっていきました。諧声大歌をもとに多方面の内容を加え、大歌は更に豊富になり、発展していきました。

1-2 大歌の分類

歴史上の侗族地域はかつていくつかの「洞」に分かれていました。それぞれの洞はいくつかの村を管轄しました。歴史的に変遷するにつれ、一部分の洞はどの地域を指すか、すでに分からなくなってしまいました。しかし、「六洞」と「九洞」は今日まで残りました。「六洞」は現在の黎平の肇興、皮林の従江の龍図、貫洞あたりを中心に、「九洞」は現在黎平の岩洞、口洞と従江の増沖、信地あたりを中心としています。侗族大歌は主に「六洞」と「九洞」地域およびこの2つの地域と繋がる黎平、榕江、従江、三江等の県の一部分の村に伝わり、これらつながっている地域は全部侗語南部方言の第二俗語区に属しています。ここは侗族文化の中心地域であり、「大歌」と「侗劇」の発祥地です。地域で分けると、侗族大歌は「六洞大歌」と「九洞大歌」に分けることができます。出演者から分類すると「男声大歌」と「女声大歌」に分けることができます。この2つの地域の大歌はそれぞれ特徴を持っており、「男声大歌」「女声大歌」にそれぞれ長所があるだけでなく、内容から見れば、以下の6種類が知られています。

1-2-1 鼓楼大歌

鼓楼大歌は侗語では「カトロウ」と言います。この種類の大歌は侗族の村が「月也」（「会耶」と書く人もいる）の時、地元歌グループと来客歌グループ両方が鼓楼で男女に分かれて交互に歌う歌です。内容は愛情の歌を主としています。地名で呼ぶのが普通で、例えば、「カトン」はすなわち「増沖之歌」です。この種の歌の内容は主に抒情的なものであるため、「抒情大歌」とも呼ばれています。

1-2-2 諧声大歌

諧声大歌は歌の曲調と歌班の音声を主とし、歌詞は短いものを言います。曲調の大部分は虫と鳥の鳴き声を真似するもので、音声の変化が多く、1曲が1

つの曲調であるものが多いです。この種の歌は鼓楼大歌を公演する間に歌われ、老人が雰囲気を調節するために歌班に曲調交換を要求する時、両方の歌班は諧声大歌に換えるのです。このような歌は交互に歌うのではなく、できるものだけ歌い、男声も女声もあり、女声が特に奇麗です。

1-2-3 叙事大歌

叙事大歌は侗語では「カジン」「カチイ」と呼ばれ、2種類のものがあります。「ガジン」は段落は短いですが、段数は多く、音楽のリズムもはっきりしています。これに対して、「カチイ」は段落は長いですが、段数は少なく、音楽のリズムもはっきりしていません。これらの歌の多くは、歌班が出かけてお客さんとなった時、地元の人の要請に答えて歌うもので、人の名前で曲名をつけることが多いです（普通歌の中の主人公の名前を使う）。例えば、「祝英台之歌」「芥子之歌」等がそうです。

1-2-4 礼俗大歌

礼俗大歌は侗語では[耶]「カサコン」などと呼ばれ、いく種類かあります。「耶」とは、毎年のお正月に各村が祖母堂に参る行事を行う時に人々が手を引いて、堂に入る時に歌う歌です。「カサコン」とは、他の村のお客さんが来た時、地元の人は村の入り口に立って道を遮り、互いに聞いたり、答えたりする時に歌う歌です。

1-2-5 童声大歌

童声大歌は侗語では「カラウン」と言います。この種類の歌は数が少なく、子どもが遊ぶ時に歌うものです。歌詞は短く、リズムははっきりしていて、曲調も明るいです。

1-2-6 劇曲大歌

劇曲大歌は侗語では「カ劇」と言います。この種類の歌は侗劇の中に入り交じる多声部合唱です。

大歌と琵琶歌を比べると、いくつかの特徴が見られます。

①大歌は歌の歌班で歌うのに対し、琵琶歌は一人か二人で歌います。
②大歌は二声部を主とする多声部であるのに対して、琵琶歌はとかく1つの声部からなっています。
③大歌は長さが比較的長く、一首を一枚と言い、一枚にはいくつかの段落を含め、一番短いのは二段落からなり、長い場合は100、200段落からなるものもあります。琵琶歌は一番短いのは2つの文で、多ければ、10、20の文です。
④大歌は、お祭りや鼓楼と花橋の落成式、あるいは、村と村の「月也」の時に、鼓楼などの場所で厳かに歌われるもので、琵琶歌は、山の上か、川岸、月堂などのところ、時間と場所にこだわりなく、どこでも歌えるものです。

　六洞と九洞の村々には全部大歌の歌班があります。これらの歌班はみんな民間の組織であり、男女の歌班に分けて自由に作られています。少ない場合は4、5人で、多い場合は10人以上になります。男女の歌班はまた年齢によって、児童歌班、少年歌班、青年歌班、成人歌班に分けられています。

　児童歌班は歌の先生、あるいは、先輩の指導のもとに、大歌の入門訓練を受け、童声大歌を主として、短い大歌も学び、興味を養います。

　少年歌班は歌の先生あるいは先輩の指導のもとに、全面的な訓練を始めます。少女歌班は普通は糸をより合わせる手作業をしながら歌を練習し、すべての歌種を学び、将来の対歌のためにしっかりと基礎を作ります。客の歌班が村に対歌をしにきたら、側に立ち、見習いをします。

　青年歌班は、歌の先生の指導のもとに、すでに大量の大歌の曲調と歌詞を覚え、比較的高いレベルの歌う技術を持ち、当村が客歌班と対歌する時の主力となります。時には外の村を訪れることもあります。

　成人歌班は、平日、歌の先生を補佐し後輩の訓練をし、青年歌班の相談役も務め、有力な後ろ盾でもあります。

　歌班の中で最も声望が高いのは歌の先生です。彼らは歌班の組織者であり指導者で、年齢が高く、経験が豊富です。歌の先生は次の条件を備えなければなりません。第1に、優秀な歌手であり、対歌の経歴が長いこと。第2に、各種の大歌の曲調と歌い方に詳しいこと。第3に、大量の歌詞を覚えており、その上、改作と即興創作もできること。第4に、生活態度がしっかりしており、人をリード

する才能を持っていることです。歌の先生は侗族の中で最も民族の文化、知識を知っている人間であり、最も人々に尊敬され、擁護される人間なのです。

1-3 大歌を歌う場所

侗族人は来客が好きで、人と人、家と家が友達を作るばかりでなく、村と村も友情を結んでいきます。この風俗を「月也」と言います。「月也」の時は大歌を歌う一番厳かで、賑やかな時です。

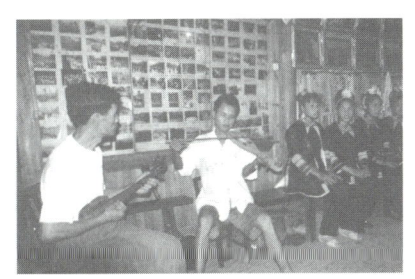

貴州省黎平県肇興村の大歌　小琵琶と牛腿琴の伴奏　1997年8月24日撮影

貴州省黎平県肇興村の大歌　小琵琶と牛腿琴の伴奏　1997年8月24日撮影

貴州省黎平県肇興村大歌伴奏の琵琶（76cm、80cm、82cm）　1997年8月24日撮影

貴州省黎平県肇興村大歌伴奏の牛腿琴（81cm）1997年8月24日撮影

2つの村が「月也」をする時、まず期日を決めます。その日になると、受け入れ側の村では村の入り口の外に糸繰り車や、腰掛け、鶏の籠、農具などを置き、手をつなぎ合って、道を遮ります。訪問側はもし礼俗大歌が歌えなければ村には入れないのです。

お客さんは村に入ると、親切なもてなしを受けます。夜になると、鼓楼の中で火を焚き、男女の歌班は歌の先生について歌の場所に入って、火の周りを囲んで坐ります。鼓楼の中と外は歌を聴く人でいっぱいになります。この時、大歌を歌う雰囲気が頂点となります。

対歌が始まります。双方まず「オゴテイ」を歌います。これはリズムが速くて明るい扎節歌です。地元の歌班は「迎客歌」を歌い、客の歌班は「讃歌」を歌います。お互いに一応挨拶をします。それから、双方交代で愛の歌を歌います。「相会の歌」から「相愛の歌」、さらに「相恨の歌」「約逃げの歌」まで歌います。地元歌班は一組み（3曲）歌ったら、客の歌班も一組み（3曲）応える。こうしてずっと歌っていきます。双方歌い合って夜明けまで続くこともあります。歌う人は歌えば歌うほど歌いたくなり、聞く人も聞けば聞くほど楽しくなるのです。年長者が顔を出して止めると、初めて名残惜しそうにお開きになります。

2．伴奏歌曲

伴奏歌曲には「琵琶歌」「牛腿琴歌」「笛歌」「木葉歌」の4種類があって、楽器の伴奏によってこうした4つの名前がつけられていています。琵琶歌については、次の章において説明します。

2-1　牛腿琴歌

牛腿琴歌は恋歌と叙事歌に含まれます。この恋歌の方は、貴州省の黎平県、榕江県、従江県などの3県で、ずっと流行しています。曲とリズムは比較的穏やかで、音調は柔和で、聞いているとやさしさを感じます。それぞれ声を伸ばして歌われています。伴奏は、歌とは違った対比的な旋律が伴奏されます。

2-2　笛歌

笛歌は、この広西壮族自治区三江侗族自治県、湖南省通道県で流行しています。曲調は非常に朗らかで、声調は優しく情感に富んでいます。

2-3　木葉歌

　木葉歌は木の葉で演奏されます。音色はするどく、また、節回しはやさしく、生活の感じがこめられています。木葉歌は侗族の南北部の各地で流行しています。

3．楽器と器楽曲

　侗族の地区で流行している楽器は大きく分けて2種類あります。1つは侗族の芦笙、琵琶、牛腿琴、侗族の笛などで、もう1つは兄弟民族から取り入れられた簫、笛、胡弓、チャルメラ、銅鑼、鼓などです。

3-1　芦笙

　芦笙は侗族の吹奏楽器です。侗族語で「倫」(leng) と呼びます。侗族の芦笙は笙斗、笙管、共鳴筒、リード等の部分から成っています。笙斗は杉の木、笙管と吹管は竹（または芦笙竹）、共鳴筒は楠竹や竹の皮など、リードは音がよく響く銅で作られています。各部分の大きさや長さは芦笙の平均的な規格として定着しました。

　侗族の芦笙は大きく分けて2種類あります。1つは、侗族語で「倫瓦」(leng wagx) と呼ばれる芦笙隊が共鳴筒と併せて演奏する「宏声笙」、もう1つは侗族語で「倫麻」(leng mas) と呼ばれる共鳴筒無しで演奏される「柔声笙」です。

　芦笙の曲を記録し伝授するためいくつかの侗族の地域では「勒倫」(leec lenc) と呼ばれる特殊な符号が作られました。「芦笙字」に直訳することができ、正確に訳されているものを「芦笙譜」と言います。芦笙譜で最も典型的なものは、符号が10個あり、それぞれ単独で用いることができ、組み合わせることもできます。一部の侗族地域では芦笙譜が作られ、使用されており、積極的に芦笙音楽を継承し発展させようとしています。芦笙譜の発見は中国漢民族の古譜研究にも新たな素材を提供するものとなりました。

　侗族の芦笙には芦笙専門の楽曲があります。少数の地域では独自に芦笙譜を創って記録を残していましたが、大多数の地域では口から耳に伝えられてきました。そのため各地の芦笙曲はあまり統一されていません。六侗一帯の芦笙曲には「報

到曲」「歓迎曲」「歓送曲」「借路曲」「団円曲」「比賽曲」などがあります。

　七十二侗の村落には系統的な芦笙曲が全部で10曲あります。どの曲にも侗族語の曲名があり、内容は特定のものです。芦笙曲は芦笙を吹きながら踊る広場楽曲で、ほとんどが舞踏用の曲です。

3-2　琵琶

　琵琶(pipa)は侗族の弦楽器で、侗族語では「貝八」(bic bac)と呼ばれています。大型、中型、小型と3種あり、漢民族の蛇皮線に似ています。琵琶の形は多種類あり、円形、四角形、桃を逆さまにしたような形などがあります。棹の先端はまっすぐなもの、湾曲しているもの、曲線がやや多いものなどがあります。

　琵琶は一般的に単独で演奏され、いくつかの地区では次に述べる牛腿琴と併用して演奏されます。民間には統一された琵琶曲はなく、今日にいたってもなお琵琶は歌の伴奏にしか使われていません。小型、中型の琵琶は恋歌の伴奏、大、中型は弾き語りの伴奏で、近年では色彩ある楽器として侗劇の楽隊にも加えられるようになりました。

3-3　牛腿琴

　牛腿琴は侗族の弦楽器で、形が牛の足に似ているので「果吉」とも呼ばれて

潘宝興による大琵琶（1.56m）の演奏　　　　　侗族中琵琶楽器（1.02m）
1997年8月25日撮影　　　　　　　　　　　　1997年8月20日撮影

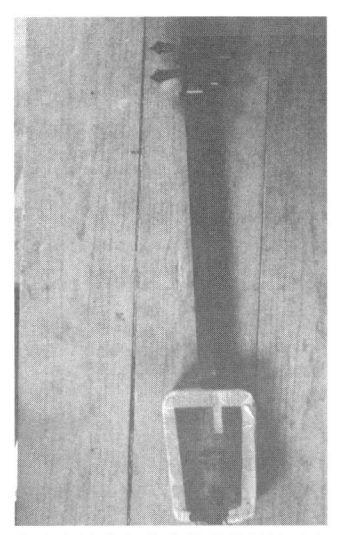

第 3 章　侗族の音楽ジャンルと楽器　47

湖南省通道侗族自治県独坂郷石光山の琵琶（1,13m）表側　1997年9月1日撮影

湖南省通道侗族自治県独坂郷石光山の琵琶（1,13m）裏側　1997年9月1日撮影

います。牛腿琴は小型、中型の 2 種類でどちらも弦は 2 本あります。小型の牛腿琴は音が澄んでいてはっきりしており、恋歌の伴奏で演奏されます。中型の牛腿琴は音が重厚で弾き語りの伴奏で弾かれます。

　早くも 1960 年代初めに、中央民族歌舞団と貴州省東南州の歌舞団が牛腿琴の改良を始めました。琴盆を改造して音量を上げ、琴身を固定して音階を広げました。改造後は、民族歌や弾き語りの伴奏だけでなく、独奏も可能になりました。

　牛腿琴の伝統的な曲はなく、即興で創られた曲がほとんどです。演奏者によって自由に演奏されるのです。改造されたことに

貴州省榕江県麦寨村石燦忠の琵琶（1.06m）1997 年 8 月 18 日撮影

より、作曲家が牛腿琴での独奏曲を作曲するようになり、新たな端緒が開かれました。

3-4 侗族の笛

侗族の笛は吹奏楽器であり、侗族語で「己」(jigx) と呼ばれています。竹製で、上端部は竹の皮をたち割り、両側は細い竹を当てて高くし、薄く割った竹を巻き付けて固定しています。上端部から5cmのあたりから下へ6個の指孔があり、その音色は優美で明るいものがあります。吹いている時は音が途絶えないように口と鼻を使い分けていわゆる循環呼吸により演奏しています。主に笛の歌の伴奏で演奏され、改良後は独奏もされるようにもなりました。

3-5 玉屏簫笛など

玉屏簫は主に貴州玉屏で生産されているので、玉屏簫笛と呼ばれています。簫は古くは平簫と呼ばれ、その土地での特産品でした。かつて古代では何度も宮廷に献上されていたので雅頌貢簫とも呼ばれていました。清代初期からは玉笛と呼ばれるようになりました。「平簫玉笛」の素材は、侗族の村にある多年生の竹を採取し、選び抜かれて特殊加工されたもので、ひびが入ったり変形したり虫食いなどしておらず、精巧に彫刻され音質は優美で音色は心地よく、国内外に名を馳せた工芸品であり、また高級な楽器でもあります。1913年イギリスのロンドン国際手工芸品展覧会で入賞し、1915年にはアメリカのサンフランシスコとパナマで開かれた万国製品博覧会でも入賞しました。近年では、アメリカ、イギリス、日本、シンガポールなどの国々へも輸出されています。

このほか、侗族の地方の楽器で流行しているものに胡弓、チャルメラ、銅鑼、鼓、鈸などが挙げられます。胡弓は侗族劇等の伴奏によく使われ、チャルメラは北部の侗族地域では冠婚葬祭で使用されます。南部では葬式の時のみ用いられます。チャルメラの楽曲は組み合わされており、喜楽と哀楽に分けられます。侗族の合唱が流行している地区のチャルメラ演奏者は叙事的な歌曲を演奏することもあります。高音部と低音部に分かれ、人々を傾聴させます。

銅鑼、鼓、鈸は主に侗族劇などでの伴奏に使われ、伴奏をさらに景気のよいも

のにしています。

4．侗族歌師の社会地位

　侗族には「飯は身体を養い、歌は心を養う」という諺があります。歌は侗族にとって欠かすことのできない生活の一部分です。親が歌を教え、青年は歌を歌い、子どもたちは歌を学ぶということが侗族の暮らしの習わしです。一般的に歌を作ったり歌ったりすることに優れ、伝統的な歌をよく理解している人が大衆から「歌師」と認められ、人々の尊敬を受けています。

　侗族は歌会の風俗習慣があります。侗族民は体面を重んじる民族です。村の青年男女が歌う歌の内容を豊富にするためさまざまなメロディーがあり、歌の形式や種類も多様です。祝祭日の集会で行われる歌会に勝ち、村に栄光をもたらすため、平素（農閑期）からよく歌師の教えを請います。もし2つの村で歌を競い合い、どちらか一方が負けるか相手に及ばないときは、往々にして地方の有名な歌師に手助けを依頼します。このようにして「歌師に依頼する」という儀礼が形成されました。

　歌師に依頼する時は送り迎えをし、礼儀が行き届いています。協議を通して歌師に依頼することを決定すると、まず歌が得意で顔立ちの整った青年男女を選びます。彼らは村中から寄せ集めた餅や爆竹、赤い紙を貼った5斤ほどの豚肉、脂などを担いで歌師が住んでいる村まで行きます。

　歌師の訪問隊は村の入り口に到着すると爆竹に点火します。爆竹のパンパンという音が歌師の家まで響きわたると村中の老若男女が表に出てその様子を見、村の歌師に訪問者がやって来たことを知ります。

　この時歌師が家にいるならば、すぐ外に客を出迎え丁寧にもてなします。歌師が用事で外出中かあるいは既に別の村の依頼を受けている場合は歌師の家人が同様に丁重にもてなし、状況を説明します。

　時には歌師に依頼をしても、来てもらえないこともあります。その原因は3つあります。（1）自分の村の青年がちょうど歌会をやっておりその後押しをするため遠出することができないとき。（2）歌師やその親戚が家を建てたり結婚

するなどの大事があった場合で依頼を丁重に断るとき。（3）歌師の訪問隊の迎え相手の歌会の状況を聞き、自分の村が勝利を勝ち取りにくくなると判断した場合でその依頼を丁寧に辞退するとき。上述のような場合贈り物は受け取りません。しかしいつものように遠方からやって来た来訪者をねんごろにもてなし、宿泊場所も手配します。もし贈り物を受け取ったならば、歌師は快く訪問隊に同行します。歌師が村に到着すると、青年達は直ちに芦笙を吹いて歌師を歌を歌う広間に迎えます。

歌師は一心に侗族の歌を伝授し、青年達はできるだけ多くの形式や種類、メロディーを真剣に学び、また多様な歌詞を多く学んでいます。侗族の歌の中には多くの神話、歴史、伝説、物語、哲学、道徳規範、法律の条文、天文地理、各種の生産生活の知識や人情などが残されています。これらの侗族の歌は歌師から青年に伝授されていきます。

青年達が一定期間学んだ後、歌師が大会に出られると判断すれば、歌師は彼らを歌会に連れて行きます。歌の勝敗にかかわらず、歌師は村から賓客として手厚くもてなされます。歌会が終わると、男性3人、女性3人が選ばれ贈り物を担いで歌師を家まで送って行き、村の入り口で爆竹を鳴らして凱旋します。

もし歌師に労働能力がなく身寄りもない老人ならば、または依頼され長期にわたって他郷に滞在した場合は、村へ帰る時は10人以上の見送りの者達がタバコの葉、米、綿、唐辛子などの生活必需品を担いで行き、歌師にある一定期間の生活を保証します。「歌師の訪問隊」が歌師に別れを告げると、歌師はお返しに野菜、大根などを籠に入れ、客人に手ぶらでは帰さないという意思を示します。

侗族は歌師に礼を尽くし、非常に尊敬し、謙虚に歌師を見習って歌を学びます。このように、侗族の歌は代々伝えられ絶えることなく発展し、日増しに豊かになっていったのです。

第4章

侗族琵琶歌の文化化の機能

1．侗族琵琶歌の伝承教育的機能

　侗族は文字を持たないため、自民族文化の伝承と次世代の教育するという問題は、主に口承によって行われています。その方法については、歌唱手段を用いたほうが言語手段を用いるよりもはるかに印象的であり、音楽を通して行われる教育は、青年にとっても最適の手段であると考えられています。このため、侗族の琵琶歌手たちは、よく人生哲学や処世術を題材に琵琶歌を作り、青年が青春を大切にし、生活を愛し、熱心に労働するように教育しています。この種の文化伝統の由来は、ずいぶん古くからありました。

　音楽の教育機能は、もともとみな具体的な音楽事象の中に託されていますが、どのような種類の音楽事象が教育機能を果たすのかという点については、必ずしも明言できません。むしろ、全体としてそのような機能を果たしていると言った方が適切でしょう。例えば人は一生のうちに多くの音楽事象と接しなければなりません。人がまだ子宮の中にいるうちから、母親は優美で感動的な『揺りかごの歌』を歌います。『揺りかごの歌』は大人の作ったもので赤ん坊が聞いてもわからないようなものですが、そこに母親の子供に対する美しい願望が託されています。17〜18歳になると、「成人式」を挙行し、子供がすでに大人になり、社会の正式な構成員として、各種の団体活動に参加できることを示さなければなりません。成人式は一人の人間の成熟と所属する社会に対して責任を受け持つことを象徴しています。婚礼は人生における一大儀式であり、葬儀は人生の終わりに挙行される儀礼です。これらすべての活動の中にはみな教育的

意義が含まれています。例えば婚礼の儀式においては、年長者は新郎新婦を祝福しますが、それは彼らにどのようにして円満で幸福な家庭を作り、父母や年長者を尊敬すべきかを教育することなのです。

音楽の教育機能は主に人々の道徳情操を育み、人々の生活に対する勇気と愛情、さらには民族の心や愛国心を強めています。例えば、侗族はみな老人を尊び幼き者を愛し、熱烈に客をもてなし、公正無私にして、人助けを喜ぶという美徳を持っていますが、これらはみな具体的な音楽活動の中で形成されたものです。

少数民族は老人に対したいへん敬意をはらいます。人々は年長者を呼び捨てにしないことはもちろんのこと、重要な事件を処理する際にはまず老人の意見を求めます。老人の前では優しく語りかけ、得意気に振る舞ったり放言をしたりしてはならず、まして失礼な言葉を使うこともできません。どんな場合でも、年長者に上座を譲り、酒を飲む際は老人から杯をあげ、肉やご飯を食べる際には老人が切り分け、箸を取るのを待ちます。客人が尋ねて来れば、できるだけ良い酒と良い肉でご馳走し、決して節約はしません。友人と別れる際には、惜しみなく山の珍味や特産を贈り、惜別の念を示します。

侗族は、新居を建てる際に、一種の古い習わしを実行します。ある家が新居を建てる際、みんなが助け合うのです。新築する家の主人はまずいくらかの木材、竹や茅などを用意しますが、全部をすっかり揃えることはしません。いよいよ着工という時に、村の人々や近くの親友に声をかけると、みんなが自発的に手伝いに来てくれるのです。やって来る人は大人も子供もみんないくらかの建築材料を持ち寄り、明け方から始めて、一日のうちに大体完成させてしまいます。

侗族のように「老人を敬い、客を手厚くもてなし、助け合う」といったすぐれた品徳は、その他の民族にもあまねく伝播しており、しかもみな具体的な音楽活動を通じて形成されたものなのです。音楽の教育的機能は多方面にわたり、その時々でいろいろな音楽活動の中に浸透し、潜在的に進行しますが、それはいくつかの生産知識や生活知識を伝授することであり、往々にして音楽活動を通じその中に含まれているのです。

ここに引用した資料は清の光緒年間に呉昌盛によって作られた琵琶歌『十二月労働歌』(楊錫光、楊錫 1993：57) です。

第 4 章　侗族琵琶歌の文化化の機能　53

潘宝興 1962 年生まれ　3 歳で失明
貴州省黎平県龍額郷古邦村在住
1987 年結婚　子供 2 人　1997 年 8
月 25 日撮影

大琵琶（1.56m）1997 年 8 月
25 日撮影

　　祖先開山又劈嶺、
　　為我們留下好山河。
　　男人耕田種地早出晚帰両頭黒、
　　女人紡紗織布夜夜五更月亮落、
　　前輩勤倹好榜様、
　　子孫要把勤倹学。

　　祖先は山を切り、嶺を開いて
　我々に美しき山河を残してくれた。
　男は暗いうちから家を出て、野良仕事をし、日が暮れてから帰り、
　女は糸を紡ぎ布を織り、夜な夜な月が落ちるまで働く。
　前の世代の人々は勤勉で、いいお手本になってくれた。
　それに習って若い世代も勤勉に努めるのだ。

　この歌の初めの部分で、まず子孫に、勤勉と倹約につとめ先祖の残した山河

を大切にすることを教え、続いて、十二か月の歌詞で季節をしっかりとらえて耕作に最も適した好機を把握するよう人々に教え、「祝祭日に飲み食いしても大酒をのむな」と忠告しています。歌の最後の部分は、以下の通りです。

春天冒着傾盆雨、
夏天日頭烈如火、
秋天北風陣陣寒、
冬天氷雪凍手脚。
一粒糧食一滴汗、
一粒芝麻工夫多、
世上那有現成飯？
那有仙果従天落？
老人世代伝真話、
我伝十二月労動歌。

春はどしゃぶりの雨に降られ、
夏は火のような日差しに照らされ、
秋は荒々しい北風に吹かれ、
冬は氷雪の冷気に包まれる。
一粒の食糧は一滴の汗の成果、
一粒の胡麻はたくさんの苦労なのだ。
世にはできあいの飯なんかあるもんか。
天から降ってくる仙果なんかあるもんか。
老人たちは代々真理を伝え、
私は十二か月の労働の歌を伝える。

　侗族琵琶歌には、教育機能と関係した歌が非常に多く見られます。その内容は、子孫は先祖を敬い、怠惰なものは勤勉を学び、婦女を尊重することを教えたものです。

侗族地域では学校教育がかなり遅れていて、教育方法にも問題が存在しています。筆者は小学生の時、侗族地域の小学校で勉強した経験があります。その時、テキストを読むときは普通語の漢語を使いましたが、テキストの内容を説明する段になると、侗語を使っていました。これはまだ漢語を解せない、入学したばかりの侗族の子供に合わせていたのかもしれませんし、今では状況がすでに改善されているかもしれません。

　侗族地域の学校における音楽教育のやり方はもっとひどい状況にあります。1980年に全国統一教材の使用が始まって以来、学校の音楽の授業では侗族の歌はほとんど歌われなくなってしまいました。侗族の子供は就学前から歌を学ぶ習慣がありますが、学校に入ってからは、漢民族やほかの民族の歌を教えられ、侗族の歌を学ぶことができなくなってしまいました。ゆえに、1986年に開かれた「全国少数民族音楽学術討論会第二届年会」において、貴州省からの代表張中笑と張勇は「各少数民族は己の民族の音楽教材を編纂し、民族音楽を学校に取り入れ、生徒達に民族音楽の薫陶を受けられるようにしなければならない」と主張しました。彼らは例を挙げて、民族音楽を学校教育に取り入れることが児童の入学率を高め、在学率を保持することに一役買っていると述べています。彼らの調査によると、侗族大歌の流行地域では、女子児童の小学校入学率はきわめて低く、高学年（5、6年生）になると女子児童が一人もいない学校があるといいます。いろいろ原因があると思いますが、小学校では自分の民族の歌を教えないこともその理由の1つに挙げられます。なぜかというと、侗族大歌では、1つの歌班に属する人はしょっちゅう一緒に練習しなければなりません。しかし、学校では教えるどころか、児童が自分の民族の歌を歌うことさえ禁止しているのです。こうなると、歌班に属する人は学校へ行かなくなってしまいます。どうして学校を辞めてまで己の民族の歌を学ぶのでしょうか。私見によると、民族の歌を学べば隣村の青年達との対歌に行くことができます。上手に歌を歌えるほど、また歌える歌が多いほど、その後求婚者も当然多くなるはずです。もし侗族地域の学校で侗族の音楽教材が使われ、歌班も作られるようになれば、かなりの生徒がまた学校に戻ってくるでしょう。張中笑と張勇両氏の報告の中に王承生という錦屏県の教師が紹介されています。王氏はテキスト

を民謡に変えて生徒に教えているといいます。その結果、生徒数が急上昇を呈したのです。もっと重要なのはこのような民謡を教える方法を通じて、児童に勉強するおもしろさを教え、知識に到達する1つの道を見せたことです。王氏は侗族の人が自民族の音楽に深い愛着を持っていることをよく理解し、それを教育にうまく利用したのです。

2．侗族琵琶歌の交流的機能

社会学の観点から見ると、社交は、多層的多角的動態の系統的結合であり、それは、個人・集団・地域および国家等の多重的な交際のみならず、情報コミュニケーション社会互・社会知覚などの多面的な内容をも包括し、人々は社交において、自己満足・自我認識・自己完全等を得ることができます。侗族人民の日常生活には、多くの交流が存在しますが、筆者の調査および現地での生活経験から、侗族琵琶の交流機能は、多くが青年男女の恋愛や結婚にあると考えられます。

侗族の故郷では、青年男子は15歳前後で自分の部屋を持ち、夜は「行歌坐夜」に行って若い女子を連れて帰ることができます。女子は13〜14歳になると、「行歌坐夜」に出かけて外泊することが許されています。青年男女がいっしょになると、互いに琵琶を弾き交わし、琵琶歌を唱えながら自分の感情を歌い上げます。例えば、琵琶歌の〈河対岸〉（龍玉成1988：22）は次のように歌わ

貴州省榕江県晩寨村呉柳藍（1985年生まれ）による小琵琶の演奏　1997年8月20日撮影

貴州省榕江県晩寨村呉漢梅（1981年生まれ）による小琵琶の演奏　1997年8月20日撮影

第 4 章　侗族琵琶歌の文化化の機能　57

貴州省榕江県晩寨村の呉家興（1942 年生まれ）による中琵琶の演奏　1997 年 8 月 20 日撮影

貴州省榕江県晩寨村の呉邦艶（1977 年生まれ）貴州省黔東南州民族師範学校卒業生　呉家興の三女　1997 年 8 月 20 日撮影

れています。恋する娘の姿と様子を、非常に如実に描いた作品です。

河対岸情哥来到、
河這辺姑娘在叫、
一声両声不答応、
折枝樹葉児把手招。

同上による小琵琶（88cm）の演奏　1997 年 8 月 20 日撮影

川の向こうに好きなお兄さんが来た、
川のこちらにお姉さんが呼んでいる、
一声二声では応じてくれないから
木の枝を握って手を振るのです。

　侗族琵琶歌は、侗族民族（青年男女）の恋愛生活上の交流過程においてこそ機能するのであって、その文化以外の者がそれらを体験することはできません。侗族に伝わる物語に『七十斤の塩』という話があります。
　一組の恋人同士がいた。互いに心から愛し合い、深く信じ合っていた。男性は、生活に追われ、主人のために筏を漕いで出かけた。彼が戻ってくると、彼女は、すでに両親の言いつけで他人のもとへ嫁いでいた。筏漕ぎの青年は、悲しさに今にも死なんばかりであったが、七十斤（1 斤 = 500 g）の塩で（当時

の社会では、侗族の人民が、塩を手に入れることは非常に難しく、七十斤の塩は大変高価なものであった）ある琵琶歌手に琵琶歌を作ってもらい、彼女の家の側で歌ってもらうように頼んだ。その琵琶歌手に作ってもらった琵琶歌は、筏漕ぎが日々漕いでいる流れの激しい早瀬の情景や、急流の早瀬を渡る度に彼が彼女をどんなに切なく恋い慕っているかを生き生きと描き出していた。切々と伝わってくる思慕の情と絶えることのない愛情は、彼女の心の琴線を大きく揺り動かした。初めの晩、彼女は階上でこっそり歌に耳を傾けていたが、二日目の晩、下に降りていくふりをして階下でひそかに歌を聴いた。三日目の晩、再び歌が流れてくると、女性はなりふりかまわず家を飛び出し、恋人の若者と黙って走り去った。

　この物語は、琵琶歌の芸術的魅力を鮮明に物語っているだけではなく、侗族琵琶歌が男女交際において果たす役割をもよく示しています。

　このような、侗族琵琶歌の交流機能についての例は枚挙にいとまがありません。例えば、貴州人民出版社が1981年に出した『侗族琵琶歌』は愛情を反映したものです。すなわち、侗族琵琶歌の交流機能は青年男女の結婚、恋愛生活において最も顕著に働いているといえます。

　侗族地域では、青年男女は恋愛の時に限らず、求婚・媒酌・吉日選び・嫁取りのときも琵琶歌を歌います。例えば、媒酌人は新婦の家の前に来て、玄関が閉まっていると、琵琶歌手に玄関を開けてくれるよう歌を歌ってもらう。玄関

貴州省従江県小黄村琵琶歌左は潘老帰（1972年生まれ　1997年3月結婚）右は呉培三（1981年生まれ　独身）後に立っているのは潘老帰の新妻　1997年8月27日撮影

貴州省従江県牛腿琴伴奏の情歌　1997年8月27日撮影

第4章　侗族琵琶歌の文化化の機能　59

貴州省従江県潘老婦の小琵琶
(76cm)　表側　1997年8月27日撮影

貴州省従江県潘老婦の小琵琶
(76cm)　裏側　1997年8月27日撮影

に入ってから、歌手に求婚の歌を歌ってもらう。そうすると、主人（新婦の父親）はそれに答えて歌を歌わなければなりません。食事の後、歌手は彼女は料理がうまいとか勤勉だなどとほめる歌を歌います。婚約すると、また祝いの歌を歌います。嫁を迎える日には、男女両方が歌手に来てもらい、結婚を盛り上げてもらいます。有名な歌手になると、往々にして天地開闢、万物起源などの歌で相手の歌手に質問し、一問一答の形で延々と続いていきます。対歌をする歌手たちはお互いに譲ることはありませんが、相手を傷つけることも絶対にしません。そして対歌は、それを通して新しい歌を学ぶチャンスでもあり、いろいろ勉強することができるのです。

3．侗族琵琶歌の娯楽的機能

　音楽は民衆の知恵の結晶や創造であるだけでなく、同時に大衆の享受と利用に供されてきました。そのため多くの音楽事象から、民間に伝承されている大部分の音楽活動が、きわめて濃厚な娯楽的性質を持っていることがわかります。一部のいくぶん荘厳で厳粛な宗教習俗や葬儀習俗でさえ、娯楽的内容に満ち満

ちています。

　少数民族は、社会発展が非常に不均衡で、加えて交通が不便なため経済が立ち遅れており、先進的な文化生活に欠けていました。精神生活面での需要を満足させるために、各民族民衆は生産や生活の現場の中で、人々の娯楽に供する様々な音楽活動を生み出し、併せてこうした方式で自分たちの娯楽の目的を達成しました。音楽の中に組みこまれた神話・伝説・説話・歌謡・叙事詩・謎々などの形式は、特定の状況下で比較的厳粛な内容を含むほかは、一般的に大体が軽妙で愉快であり、気分転換させる働きを持っています。一日の辛い労働生活が終わった後、若者は連れ立って掛け合い歌を歌い、一方老人は年少者のために生き生きとした面白い説話を話し、天地のことを語り、楽しい中にも教訓を含ませます。こうした習俗は今日までずっと伝えられてきています（写真4）。

　音楽の娯楽的機能はあらゆる音楽活動の中に現れます。その中でも祭日音楽と競技音楽などは最も突出しています。音楽の娯楽機能はまた各民族民衆の美的意識と結びついています。それは積極的・健康的・向上的精神や情緒をよく体現し、時には各民族の優秀な文化伝統に対する独特な愛好として表現されています。伝統的で優美な民族文学や芸術は各民族労働大衆の精神的産物であり、それは集団の知恵や創造を集中的に体現していて、崇高な精神美を備えており、それゆえ継承され発揚されてきたのです。文化発展の歴史から見ると、およそ美しいものは最も時間の試練を乗り越えることができ、また各民族民衆の好みや伝承として享受されています。ですから音楽の機能としては、常に各民族の労働大衆が既存の音楽の美的価値を肯定するという形となって現れるのです。

　侗族琵琶歌は、侗族民衆の知恵と創造の結晶であるのみならず、同時に侗族民衆が享受し利用できる賜物です。湖南省、貴州省、広西壮族自治区の境界地区に住む侗族人民の旧社会は、社会発展が不安定なうえ、交通は不便で経済も遅れていたので、先進的な文化生活はごくまれにしか

貴州省従江県小黄村の琵琶伴奏大歌　1997年8月27日撮影

見られませんでした。精神生活の需要を満たすため、侗族人民は生産と生活の実践の中から人民の娯楽となる侗族琵琶歌を生み出しそれを歌うことによって自己の娯楽欲求を満たしました。現在、侗族地区の交通は大いに発展し、テレビも珍しいものではなくなりましたが、侗族人民は相変わらず自分たちの伝統である侗族琵琶歌を愛好しています。侗族琵琶歌は特定の状況下で比較的厳粛な内容を含むものを除くと、一般に、おおらかで楽しく、精神バランスを調節する働きを持っています。若者たちは、一日の重労働の終わりに琵琶歌を弾き語り、相手に対する愛慕の情を表現し、老齢の琵琶歌手は、後人のために、活気に満ちたおもしろい物語を語って聞かせます。四方山話から教訓や生活の知恵をこめた寓話まですべて歌に託しています。

　侗族人民は琵琶歌に特別な感情を持っており、歌を耳にしたとたんに琵琶歌手が村の近くにやって来たことがわかります。婦女子は糸を紡ぐのを止め、機織りを止め、刺繍していた手を休め、男はしばし力仕事を中断します。そして、ある者は掃除をしにゆき、ある者は歌手のために宿を用意し、ある者は急いで食事の用意をします。侗族の人々は侗族琵琶歌を聴くことを最高の芸術の享受とみなしているのです。

　侗族の人々にとって侗族琵琶歌を聴くことは娯楽だけではなく、心理的・精神的な喜びでもあることを表す話があります。湖南省、貴州省、広西壮族自治区の三省の境界にまたがる高定寨に、長い間病で床に伏し起き上がることのできない老婦人がいました。彼女は、党の幹部であった息子に「あなたには琵琶歌手の友人がいると聞きましたが、その方に、我が家で幾晩か歌っていただけるようお願いできないだろうか」と頼み事をしました。幹部の息子は、母親の願いをかなえるために、ひとりの中年の琵琶歌手を呼び、二昼夜にわたって琵琶歌を歌ってもらいました。病魔にとりつかれたこの老婦人は、その歌を聴くと疲労を感じないばかりか、病状はかえって良くなっていきました。その後、彼女は息子に琵琶歌を録音させて、毎晩寝る前に聴くことにしましたが、毎日聴き続けているうちにそれは習慣となり、一晩でも歌声を聴かなければ、寝入ることができなくなってしまうほどでした。

　このように音楽が人間に与えるのは、単なる一般生活上の快楽ではなく、心

理的・精神的な喜びです。音楽は、労働する者に必要な憩いを与えるのみならず、苦悩している者の苦しみを忘れさせることができます。音楽は、人生そのものに楽しみや喜びをもたらすものなのです。前述の重病の侗族老婦人は琵琶歌を聴いた後、病状が軽くなり、毎日歌を聴かないではいられなくなりました。つまり、侗族琵琶歌が彼女に病気の苦しみを忘れさせ必要な休息を与え、楽しみと喜びをもたらしたといえるでしょう。これは、侗族琵琶歌が積極的に彼女に休息を与えたことにほかならないのです。

侗族琵琶歌の娯楽機能は、侗族民衆の生産生活活動において最も顕著に現れています。侗族には「食べ物で体を養い、歌で心を養う」という諺があります。歌は古くから侗族の主要な娯楽手段だったのです。これらの記載には、侗族人が琵琶歌を歌い、芦笙を吹く様子が生き生きと描写されています。侗族琵琶歌は現地の侗族に広く愛好されており、その休息と娯楽の機能は、新年や節句、婚礼等の祝い事の時など、いたる所で見ることができます。

貴州省榕江県晩寨村の呉件祝（1974年生まれ）による小琵琶の演奏　1997年8月20日撮影

侗族にはいろいろな歌があります。山に登って木を伐採する時の歌、川に筏を流す時の歌、娘が嫁ぐ時の歌、葬儀の時に歌われる歌、酒席で歌われる歌などです。その中の酒席で歌われる歌についてやや詳しく述べたいと思います。

地区が異なると酒歌の内容や形式も少なからず異なりますが、一般的に歌の形式は2種類あります。1つは主人と客、あるいは青年男女間で歌うデュエット形式です。この酒歌のメロディーは抑揚があり滑らかで多情感が

同上の楽器（96cm）1997年8月20日撮影

連綿と続き、聞く人にとっては心に甘酒のような甘さがしみわたるかのようです。もう1つは合唱形式で、酒席の中の2人が音頭をとり全員で合唱していきます。この酒歌は音程が高く高音域で豪快に勢いよく歌われるため、聞く人をまるで上等な酒を飲んで高揚したかのような気分にさせます。この2種類の歌は酒席でよく歌われます。普通酒席の最初と最後がデュエット形式で、酒席が盛り上がってくると合唱形式となります。

　もし侗族地区へ客として訪問した際、酒歌を歌えず、空腹で泥酔してしまったとしたら「才知がなく礼儀をわきまえない客」とみなされてしまいます。青年男女が集団で交際するときに、もし酒席で歌を歌うことができなかったら、非常に恥ずかしい思いをすることになります。侗族の集団をもてなすときの酒席は特別な趣があり、酒宴というよりもむしろ歌会といえます。侗族の客をもてなす酒席は歌で始まります。テーブルの準備が整う前に娘達は客に向かって歌い始めます。

　　客は家に入る前に何を持って挨拶にくるのか？
　　客は家に入ると何を持って挨拶するのか？
　　姑から伝えられた礼儀作法は何なのか？
　　舅から伝えられた儀礼は何なのか？

客側が選出した2人の若者が答える。

　　客は家に入る前に油茶を持って挨拶にやって来た。
　　客は家に入ると米酒を持って挨拶した。
　　油茶を客に勧めることが姑の伝えた礼儀作法である。
　　米酒を客に勧めることが舅の伝えた儀礼である。

若者が歌を返すと娘達はそれぞれ客にお茶を差し出します。茶碗を渡されると客は必ず歌で謝意を表さなければなりません。お茶を出し終えると娘達はまた歌います。

客が家に入ると誰が先に座るのか？
誰が先に座り、誰が後に座るのか？
誰が満腹して立ち去ったのか？
誰がまだ食べておらず全身ずぶぬれになっているのか？

若者たちはまた答えます。

客が家に入ると食卓の間に、
客が座った後に主人が座る。
客は満腹になって去っていき、
主人はまだ食べておらず、全身ずぶぬれになっている。

また返答すると、娘達は順序よく箸、杯、徳利、料理を食卓に並べていきます。ひと品並べられる度にそれぞれが歌い、もし同じように答えられなかったり間違えたりしたら出されたものが下げられてしまいます。箸を下げられた若者が手掴みで料理を食べると娘達は腹を抱えて大笑いします。もし杯が下げられると、若者達は罰として柄杓で酒を飲まされ、一問一答形式で歌う 2 人の若者はいつも酒を注がれ泥酔してしまいます。同様に料理が下げられると娘達はそれを別のテーブルに置き、勝利したことを誇示します。これらの「戦利品」は若者達が歌を歌って敗北を認めると改めて並べられます。

10 曲以上の歌を歌い終わる頃には料理はほとんど並べられています。主人側の年配者 2 人が杯を持って酒歌を歌うと、みんなで食事をし、手打ちの酒を飲みます。手打ちの酒を飲むと「串杯」と叫んでみんなが立ち上がり、左から右に互いに杯を手渡していきます。甲の杯で乙が飲むと乙は丙に杯を渡し、丙が飲むと丁に渡されていきます。一つひとつ手渡され酒席のみんなが大きな輪になると「友達を歌うよ！たくさんの友達を！」というかけ声をかけて一斉に乾杯します。3 度手打ち酒を飲むと、みんなそれぞれ自分の座席を離れることができ、互いに気に入った相手を探して酒を酌み交わします。この時になると、酒席はいくつもの小さな輪ができ、1、2 人が音頭をとりだし、みんなで合唱

し始めます。1 曲歌うごとに酒を 1 杯飲み、歓声が湧き上がります。その様子は非常に賑やかです。

　そこで歌われるのは、次のような歌です。

　（領）私達の友情が樹木が青々と茂る山のように永遠に続きますように
　（全員）青々と茂る山のように永遠に続きますように
　（領）私達の情意が河の流れのように長く続きますように
　（全員）河の流れのように長く続きますように
　（領）10 本の山藤が縒り合わさって強靭な大縄になる
　（全員）強靭な大縄になる
　（領）友達を歌うよ！たくさんの友達を

　酒席が盛り上がってくると、歌声は途切れることなく、人々は思う存分に歌い、飲みたいだけ飲みます。酒席では鶏肉はたいてい最後に出されます。客は鶏肉を食べたければ才能を発揮しなければなりません。酒席が終わりに近づくと娘達は水牛の角にいっぱいに酒を注いで、若者達のリーダーの前で歌います。

　　河の魚や海老は竜王に差し上げて
　　私達は娘をあなた方のリーダーに差し上げる
　　牛の角で注いだ酒は 9 斤半
　　あなたに差し上げたものを辞退しないでください

若者達のリーダーは立ちあがってユーモアたっぷりに返答します。

　　牛の角はとても長く
　　なみなみと注がれた米酒から香りがたちこめている
　　娘達の情意は重さ千斤
　　私は小さな蟻なので受け取りきれない

もしリーダーが酒を飲み干すことができれば牛の角を外に投げ飛ばし、仲間に言いつけて村の鶏を捕まえさせることができます。誰の家の鶏であろうと構わず、捕まえられれば食べることができます。普通3羽から5羽捕まえ、鶏を捕まえられた家には村からお金が支払われます。鶏の飼い主は怒るどころかかえって誉れであると感じます。鶏が捕まえられると、娘達はわざとつぶさせないように阻止して歌を歌います。

　はじめに雄鶏とめんどりはどこで生まれたのか？
　誰が最も早くそれを飼ったのか？
　どのつがいを殺すのか？
　どの一群を殺すのか？

若者達が答えます。

　鶏の雄鶏とめんどりは最初に奥深い山林で生まれた
　乳様（伝説上の人物）が初めて捕まえて飼いはじめた
　妻の兄弟がつがいを殺し
　新しい客が一群を殺す

娘達は鶏を「奪う」ようにむきになったふりをして歌います。

　めんどりは子孫を増やすから養い
　雄鶏は時を知らせるから養う
　もしあなた達が空に上がってシジュウカラやガンやトビを捕まえられたら
　能力があると認めよう

若者達はまた鶏を「奪い返し」にこやかに歌います。

　このめんどりは9年飼ったが卵を産まなかった

この雄鶏は10年飼ったが一度も鳴いたことがない
それらはみんな空のトビに変わってしまい
害された鶏の群れは残っていない

娘達はここではさみを持ってきて、嬉しそうに歌います。

初めてはさみを作ったのは誰か？
初めて村にはさみを伝えたのは誰か？
はさみは何に使うのか？
鶏肉食べたければはっきりと答えなさい

若者達ははさみを受け取ると自信をもって歌います。

金包（伝説上の人物）が初めてはさみを作った
満包（伝説上の人物）が初めて村にはさみを伝えた
娘ははさみで服を裁ち
若者ははさみで鶏の首を切る

若者達が歌いながら鶏を絞めると、みんなから歓声が沸き起こります。娘達は笑いながら鶏を煮ます。
　ここで酒席は一時中断され、主人は客に煙草を勧めます。よく火を通した鶏がテーブルに並べられると酒席は再開されます。鶏肉が運ばれると、まもなく**酒席が終わる**という合図になります。若者達はこの時に主人に対して謝意を示す歌を歌います。彼らはまず主人の働きや手厚くもてなしてくれた真心を褒め称え、主人の村が豊かですばらしい村であることを称賛します。

4．侗族琵琶歌の社会組織的機能

　組織と規制という点に言及すると、いかなる社会集団も健全で安定した発展

を望むならば、自己組織と自己規制とを備えている必要があります。文化芸術およびその伝播は、社会の組織と社会の規制を実現するための1つの重要な自己組織体系といえます。

　侗族の伝統文化の1つをなす侗族琵琶歌において、その組織と規制の機能も非常に顕著で重要な要素です。各民族の文化は、人々の社会心理と価値観念に影響を及ぼすだけでなく、人々に行動規範を提供し、その社会活動を規制する役割を持ちます。筆者は、1998年広西壮族自治区三江県の侗族自治県でフィールドワークを行った際、次のような話を聞くことができました。1950年代初め、県の委員会が、巨大な工作隊を組織し民族区域の自治を試みた。しかし、歴史が培ってきた民族間のわだかまりは深く、工作は思うようにはかどらなかった。そこで、歌を用いて仕事を進展させることにし、琵琶歌〈李和清苦情歌〉を作って、どの工作員も皆この琵琶歌を学ばせた。彼らは村に入る時も歌い、会議の時も歌った。この目に見えない懸け橋は、徐々に、工作隊と民衆の間の信頼感や、親しみの感情を生み出していき、局面はすぐに打開された。また、区域の自治工作を全県でスムーズに展開するための条件を作り出した。

　さらに、別の例を挙げてみます。県の委員会が、三級幹部会を開いた。もともと夜の討議であったがポロン、ポロンと琵琶の音が流れてくると、幹部の者は皆琵琶歌を聴きに、我も我もと上演場へいってしまった。会議を主催した者は、しかたなくこのことを逆手にとって、琵琶歌手に政策の条文と会議の精神を盛りこんだ琵琶歌を作らせ、参加者に向かって歌わせました。

　この2つの実例は、まさに侗族琵琶歌の組織と規制機能を物語っているといいます。侗族琵琶歌は、工作隊と民衆の心を通い合わせ、工作を進展させ、党の民族政策を民衆中に徹底させる役割を果たしたのです。これまで、侗族琵琶歌には「侗款」がありました。

　「款約」とは侗族語では、法律条款、すなわち侗族の民族法典の意味を持っています。これらの民族法典は、あくまで人間の規制を実現し、人の行為、活動およびその相互関係をある規範の中に安定させ、社会の均衡と安定を保持するものでした。文化情報の伝播のない社会では、各種の社会規制を正常に機能させることはできませんし自己規制を実現させることもできません。特に複

雑な社会ではなおさらです。侗族琵琶歌は、古くから組織と規制機能を備えており、それは現在もなお作用しているのです。

5．侗族琵琶歌の文化蓄積的機能

　文化芸術は、伝えられて即消えてしまうものではなく、それは、通常各種の形式を持って蓄積され社会と歴史を伝えるものとなり、はるかな時と場所を超えて永遠に存在し、人類の社会と歴史の多方面の歩みに影響を及ぼすものです。

　人類文化の伝播や伝承の蓄積がなければ、歴史の発展や社会の進歩はあり得ず、人類も文明を維持し促進させることはできないでしょう。人類が一代一代綿々と受け継がれ、社会が一歩一歩前進し発展していくことと、文化の伝承、蓄積および蓄積手段、不断の進歩とは密接な関係があります。音楽は人々の生活の各面に深く入りこんでいます。民族には大小があり、民族の構成員にも多寡があり、文化の発展にも速度の違いがありますが、どのようであれ各民族はみなその民族の音楽を持っており、これらの音楽は文化生活（時には生産などを含む）の中で欠くことのできないものです。

　音楽事象のない民族など、中国にはおよそ存在しません。中国は人口が多い上に、国土も広く、56の民族が960万km^2の土地で生活しているので、音楽事象の差異が非常

貴州省榕江県晩寨村呉長嬌（1957年生まれ）による小琵琶の演奏　1997年8月19日撮影

同上の楽器　1997年8月19日撮影
1997年8月20日撮影

に大きいです。すべての人に56民族の風俗習慣を全部理解させるのは不可能です。ある民族にその民族のあらゆる地区の風俗習慣を理解させるのでさえ困難なのです。巫術師は宗教儀式を執り行いその一部が依然迷信活動に従事していたことを除き、その民族の伝統文化を保存するという方面でまた独特の貢献をしていました。1949年以後、民間の文化学者が収集・整理・発表した多くの「創世記」神話は、巫術師の口より出たものなのです。彼らはその民族の文化を保存し伝播することに対して、かなり重要な作用を及ぼしてきました。原始宗教の民族生活や民族心理に対する影響がわからず、それに関する音楽学的知識がなければ、宗教生活の複雑な関係を処理する術がないのです。

まして侗族は、長い間にわたって文字を持たなかったので、侗族文化芸術の蓄積と伝承は、その大部分を口頭による蓄積と伝達に頼ってきました。侗族琵琶歌が、この点に関して働く機能は最も大きいと考えられます。これは、侗族琵琶歌の流布においても見いだすことができます。侗族琵琶歌の「秀銀与吉妹」は、清代の呉朝堂（約1820年－1890年）の作ですが、今日でもなお伝承され続けています。作品は、周秀銀と崔吉妹という青年男女の恋人同士が、封建的な婚姻制度の圧迫を受けて情死した悲劇です。また「娘梅歌」は、封建社会の迫害に、勇敢にも立ち向かう典型的な女性像を描き出しました。この女性秦娘梅は、「女還舅門」から解放されるため従姉妹の言いつけで従兄弟に嫁がなければならないという封建的な婚礼制度の圧迫のもとで、毅然として恋人である楊助郎と遠方へ逃走したのです。侗族琵琶歌は数千行にも及びいく晩も歌ってやっと歌い終われます。その物語のストーリーは完成度が高く、物語るように歌を詠み、抒情的かつ論理的で文学の高みにいたるその水準はきわめて高いものがあります。侗族琵琶歌という芸術形式をもって、侗民族はその豊富な文化遺産を蓄積してきたと言えるでしょう。

侗族地域では民歌の口承が広く行われています。文字のなかった時代には、民謡は伝統的な文化を記憶し、保存する働きをしていました。後になって、漢字は音声表記記号として琵琶歌を記録し、保存するため使われるようになりました。しかし、統一された漢字の使い方はなく、それを書いた人以外はほとんど判読できないものでした。漢字を音声表記記号として使用することによって、

琵琶歌の保存方法は部分的に口承から文字に変わりましたが、辺鄙な田舎では、人々はみな隣り合って住んでいるので、知識や文化の伝授においては、依然として口承形式を好む傾向にあります。これは文字を知る人が少ないということにもよります。口承の侗族琵琶歌は外来語に頼ることが少なく、侗民族の生活を自然に表現できるので、教育と娯楽という両方の働きをしてきました。侗族の人にとっては親しみやすい文芸形式の1つです。内容がすでに時代遅れになっている琵琶歌も存在しますが、上述の社会環境と生活様式がほとんど変わっていないため、口承の方法は伝統文化の伝承ばかりではなく、新しい生活の描写及び政府政策の伝達や科学技術の普及にも、大きな役割を果たしています。侗族琵琶歌はこれからもこのような機能を持ち続けるでしょう。

　侗族琵琶歌は侗族の民間音楽文化全体においてとりわけ社会性を持っている方です。今のところ、琵琶歌の伝承は依然として地元の歌手によるところが大きいと思われます。なぜかというと、歌い手は民間の智恵の化身だからです。侗族地域では歌を教え、伝えるのは昔からの習慣です。普通は、幼少時代は父母から、少年時代は年上の若い人たちから、青年の時は歌手、歌師から歌を学びます。普虹氏の『貴州民族音楽文集』によると、榕江県七十二寨の有名な歌師固利氏が青年時代にまず地元の歌師から歌を学び、地元の歌をほとんど身につけた後、彼は農閑期を利用して、100km以上も離れた黎平へ行って、別の歌師から歌を学んだといいます。昼間はその歌師と一緒に野良仕事をし、夜は歌師に歌を教わるという生活をしたそうです。固利氏が出世したあと、多くの若者がまた彼の門人となりました。侗族には昔から歌師を尊敬する伝統があります。歌師は外の村へ出かけて歌を教える時も報酬は受け取りません（昔、現地では報酬を支払う習慣がなく、現在と事情違っていたようです）。生徒の家へ順番に行ってご馳走になるだけです。歌師が家へ帰る時、その村の娘さんたちが靴の中敷きや花の刺繡のついたベルトなどを、村の老人たちがお酒、肉などを歌師に贈ります。そして村の若者が歌師を家まで送ります。歌師はすべての人から尊敬されるので、若い人たちも歌師になれるように努力するのです。

　侗族琵琶歌は昔から口承によって伝わってきたものです。ほかの文化現象、例えば言語・飲食・服装などと比べれば、変化の速度が遅いという特徴があり

ます。しかも琵琶歌は侗族にとっては文化の伝承の最も重要な担い手です。侗族の人々の文化・信仰・法律・倫理・生産知識および生活知識はほとんどは琵琶歌によって伝えられてきました。現在、侗族地域における教育の水準は20〜30年前よりずっと高くなり、若い人はほとんど中国語を話せます。侗族の人にも大学へ進学した人がおり、学者になった人もいます。しかし、侗族は依然として独自の文字を持っていません。昔から侗族の人は侗音を記録するのに漢字の音だけを用いていました。例えば「あなたはどこに行きますか」をもし漢字で書くとしたら"雅把傻丙 yaba le bing"となり、1958年、いわゆる侗族文字が作られましたが、これは上から押し付けられたものであって、侗族の人々は自分たちの文字として認めていませんでした。1998年に筆者が侗族地域へフィールドワークに行き、湖南省通道侗族自治県で侗族の民族学者である楊錫氏と会った時、氏の文章を拝読しましたが、全部中国語で書かれていました。現在、『侗族文学史』や『侗族琵琶歌』なども出版されましたが、全部中国語になっています。琵琶歌はいぜん強い生命力を持ち、少なくとも昨今のうちでは、侗族文化におけるその機能に取って替わるものはないと考えられます。

　琵琶歌の叙事歌と款約歌などが歌われた時、歌詞が正確なのか、または歌い方が正しいかどうかについては琵琶歌の通はすこぶる敏感です。間違えた歌い手は野次られて、笑いものにされます。ただし玩山歌の場合では、対歌なので、歌い手の臨機応変の応答が肝心なこととされます。琵琶歌は現在の経済発展の流れの中、時間の試練に耐えて、生き続けるであろうと思われます。筆者は以下のようなことを目撃したことがあります。侗族地域で映画が放映された時、人々は映画を見た後、そこに残って、琵琶歌を歌い出しのです。このような近代的なものと伝統的なものとの併存は、日本でも見かけられます。1996年1月6日、フィールドワークのため奄美大島に赴いたとき、経済の発展によって滅ぼされたものもありますが、本当に優れた伝統文化は依然生命力を保ち続けていることを感じさせられました。例えば奄美大島の歌遊びは、今でも人々に歓迎され、婚礼やお祝い事の時、かならず歌い手に来てもらって、歌ってもらうのです。

　経済の発展にしたがって、自民族の伝統と文化を研究する条件が備わり、伝統文化もよりいっそうの発展を遂げられるようになりました。それゆえに、私

見では、経済の発展は優れた伝統文化を発展させる原動力となり、優れた文化伝統も経済の発展に伴って前進すると考えています。それに、経済の発展は文化の交流にも有益です。いかなる民族の文化も他民族の文化との交流、融合、競争を通じてこそ新しい道を切り開くことができるのです。鎖国状態は民族文化の停滞と衰退をもたらすのです。現在の経済発展の流れにおける侗族琵琶歌の流通も以前よりずっと便利になりました。筆者は湖南省通道県の県庁所在地で広西三江侗族自治県の琵琶歌歌い手の録音テープを見かけましたし、また三江では湖南と貴州の侗族の歌い手の録音テープも見かけました。このような現象は経済発展の結果であるといえるでしょう。1968年、筆者が母といっしょに湖南省通道侗族自治県牙屯堡郷金殿村に下放（中国の「文化大革命」の頃、知識人が農村で生活したこと）した時、そこには道路はあったものの、それは終日車が通らない道でした。当時はどこへ行くにも両足を使うしかありませんでした。文化交流といえるものもありませんでした。今では、侗族地域には毎日定期バスが通り、鉄道も通るようになりました。交通と経済は昔よりかなり発展しました。これに伴い、流行歌も侗族地域に入ってきました。これに関して学者の意見は賛否両論ありますが、長い目で見れば、経済の発展は琵琶歌の水準を高めるところが多く、不利な影響を及ぼすところが少ないといえるのではないでしょうか。

6．侗族琵琶歌の民族史・民族誌の機能

音楽はいったん生まれると、口述の方式で代々伝承され、次第に口承音楽の伝統を形成していきます。中国西南地方の少数民族の間では、多くの「創世」神話は、聞き語りによって伝えられ、現在まで保存されています。民族の祝祭日の集まり、冠婚葬祭儀式において、語り手や巫師に「創世記」を歌ってもらい、それをその民族の歴史規範としているのです。ある民族は「創世記」の伝承を失わないよう、さらに若者を組織して専門的に歌い方を学ばせています。侗族地区では、多くの村で婚礼儀式、子供の出産、老人の死、家の新築、鼓楼の建立、新居への移転、娘たちの棉花の種蒔きおよび伝統的祝祭日などの場合には、必ず自分

の祖先の由来に想いをはせる活動を行い、親族中の年長者や有名な歌手にまず古歌〈侗族の祖先はどこから来たか〉を歌ってもらうのですが、こうした活動を侗語では「dousha」と言います。その後、再びその他の活動を再開するのです。こうした活動を繰り広げる目的は、1つには祖先に対する思慕と尊敬を示すことであり、さらには子孫末代まで自分たちの祖先の創業の苦しみを忘れさせないためです。こうした事象は、文字を持たない民族のあいだで普遍的に行っていたもので、口述による歴史伝承の一種独特な方法といえます。音楽は民族歴史の保存の役割を果たしているのです。

　文字を持たない侗族は自民族の歴史と民族誌を音楽（琵琶歌）で伝えていま

湖南省通道侗族自治県独坂郷の石光山（1939年生まれ）の琵琶歌　1997年9月1日撮影

湖南省通道侗族自治県の文化局長石慶玉（1946年生まれ）と石光山　1997年9月1日撮影

湖南省通道侗族自治県黄土郷の石志運（1956年生まれ）中琵琶（98cm）の演奏　1998年8月26日撮影

湖南省通道侗族自治県黄土郷呉尚徳（1944年生まれ）中琵琶（96cm）の演奏　1998年8月29日撮影

す。現在出版されている『侗族簡史』『侗族文学史』『侗族民間文学史』『侗族史詩——起源之歌』『侗族大歌琵琶歌』等は全部漢語です。しかし、現在、村

で伝えられている民族史と民族誌はすべて口伝によるもので、侗族琵琶歌手は大きな役割を果たしています。

7．侗族琵琶歌の儀礼的機能

7-1　儀礼的機能の概略、とくに人生儀礼について

　人生儀礼は、社会民俗行事の1つです。それは人の一生のうえで、生活や年齢の様々な段階において挙行されるいろいろな儀式や礼節のことです。各種様々な儀礼は、それぞれ別々の意義を持っています。例えば誕生儀礼は嬰児が母胎を離れて社会に入ることを示しています。成年儀礼は一人の男子や女子の生理的発育が成熟し、社会の正式な構成員に組み入れられることを示しています。結婚儀礼は社会が青年男女の結んだ配偶関係を承認し、この青年男女が家庭と社会に対して一定の義務を負うことを示しています。喪葬儀礼は一人の人間が一生の全過程を終え、社会に別れを告げたことを示しています。

　一人の人間は誕生から死ぬまで、社会の一員として社会の中に存在し、本人の関わる儀礼は自然や社会の風情習俗と関連し結びついています。言い換えると、彼の生命が活躍している期間に挙行される諸々の儀礼はみな実際的な意義を持っているのです。例えば結婚は家庭の確立と子孫の繁栄を意味します。その人が死ぬと、もう社会的行為を起こさないので活動も中止されます。

　しかし、実際に人生儀礼がもたらす社会民俗現象はきわめて複雑です。まず、民間に一般的に伝承している人生観念では、人が死んでもその霊魂は死んだ訳でなく、引き続き社会に働きかけると考えています。次に、宗教迷信の観念では、人は死んだ後に「転世」することができると考えています。つまり人の生命は循環でき、ある人が生前に民衆や社会に対し有意義なことを行えば、彼が死んでも人々はずっと忘れず、生誕や逝去の日に記念活動を挙行するのです。

　人生儀礼は人生の重要な節目に現れますが、こうした節目は生理的な発育や社会の認可で決められるので、一定の法則を持っています。例えば誕生儀礼は毎年ありますが、そこでは主に自分の誕生を記念します。一方成年儀礼は一定の年齢段階に達して初めて行うことができるものです。また各儀礼のあいだに

は長期、あるいは短期の過渡期が存在します。

　人の本質がその社会性にあることは、周知の通りです。人は総じてある社会集団の中にいて、彼の一挙手一投足はみな社会の制約を受けています。また、人の一生は平々凡々に過ぎていくのではなく、年齢の増加、生理的発育、個人と社会の関係などが人生の複雑な経歴を作り上げています。

　人の一生において、誕生儀礼は始まりの儀式です。侗族の家庭構造は血縁関係を中心に組成されていて、嬰児の出生は血縁関係の継承を暗示するので、父母や家族全体が非常に重視し、ここから嬰児誕生に関する一連の習俗がもたらされたのです。

　誕生礼は人生最初の大きな儀式として、人生の諸儀式の中で重要な位置を占め、しかも持続期間が比較的長く、その間におもしろい節目が多くあります。誕生儀礼自体の内容を見ると、実際には妊娠期や誕生期のあらゆる習俗を含んでいることがわかります。

　成年儀礼はまた、「成丁礼」や「冠礼」と呼ばれます。それは古い習俗の伝承の一種で、人の一生のうえで重要な意義を持っています。人が誕生儀礼を経て社会に参入してから、17、8歳までのあいだに、移行段階があるのは衆知の通りです。この時期は、毎年誕生日を迎えるほかに、特別な儀礼はありません。この時、彼は完全に父母や家庭に属し、また父母や家庭の庇護と教育の下で成長します。児童期を過ぎて少年期に入ると、男の子は父親につきしたがって生産技術やそのほかの行為を見習い、女の子は母親につきしたがって各種の家庭労働を見習います。彼らは天真爛漫に成長し、家庭や社会に対してどんな責任も負わず、逆に家庭や社会によって監督保護されねばなりません。

　この過渡期の後期には、生理的発育が成熟し社会経験が増加するのに伴って、青年覚醒期に入り始め、社会意識が次第に強まり、理知や道徳観念が自らを激励し、また束縛し始めます。これは人生における典型的な不安定期であり、その行為は時には子供っぽく、時にはまた大人びています。家長の彼らに対する態度にも変化が生まれます。時には容認し、時には叱責し、場合によっては彼らに大人の基準で行動するよう強制します。こうして新たな矛盾が絶えず家庭の中で発生するようになります。

侗族の人々は人生儀礼に琵琶歌を伴っています。侗族の人が、新しい生命がこの世にやって来たことを祝うには、「三朝酒」と「満月酒」の二種類の形式があります。「三朝酒」は赤ちゃんが誕生して3日目に行う祝賀儀式で、新しい生命が正式に誕生儀礼後に入ることを示す過渡期の儀式です。いくつかの侗族地区ではこれを「慶三天」あるいは「做婆婆」「お祖母さんになる」と呼びます。この日の夜明け、一族の男女は赤子を育てる家に集まり、豚や牛をつぶして、母方の家族の婦女子を接待します。主人の家が出迎えの礼をした後、女性達はすぐに部屋に入り、赤子を訪ねます。そのあと、席について食事をします。夜、宴会で母方の家の男子を呼びます。これを「請外公」(祖父を呼ぶ) あるいは「請舅舅」(叔父を呼ぶ) と言います。男性の親戚が贈るプレゼントの主なものは、酒・米・首飾り・お金などです。「満月酒」は生まれた赤ちゃんの満月の後に行うもので、誕生礼の過渡期の儀式です。「三朝酒」を行うのが盛大な地方では、「満月酒」の慶賀はそれほどにぎやかではなく、客を招かないことさえあります。満1か月の後に、やっと赤ん坊をおんぶして出かけることができます。母親はちょっとした家事に参加してもよく、また、村に行って親戚や友達や隣近所の家に遊びに行くこともできます。これらは、満1か月の前には許可されないことです。

　婚礼は人生儀礼の中のもう1つの大きな儀礼で、古来、個人、家庭や社会から高度に重視されてきました。人生の諸儀礼の変遷過程から見ると、形式が最も整っており、伝統が最も長きにわたり継承されています。

　民俗学研究によって、人々が成人儀礼を重視するのは、重要な実利目的があるからで、婚姻と関連していることがわかっています。人類が生き延びるか否か、家族が発展するか否かは、最終的には男女双方の婚姻関係によって決定されるのです。したがって成年儀礼とは実際には社会の認可を通じ、成年男女に婚姻の権利を賦与することなのです。この節目がないと、その婚姻は非合法で非道徳的なものとされ、社会の叱責を受けるのです。

　道塞ぎ歌、いわゆる「盛路歌」は侗族の多彩な民間歌謡の中でも独自の特色を持っており、さまざまなところで歌われています。侗族は婚礼の3日目に新婦が夫の家から実家へ里帰りする時、男性側の集落が隊列を組んで新婦の集落

まで付き添って行きます。女性側の集落では糸縒車、織機、アブラツバキの油、広葉樹、藁、唐辛子、ザボンの枝葉、竹ざる、鳥かご、木馬、風車などで一歩ずつ集落の入り口を塞ぎ、歌い手がその情景を歌い、同郷の人々や親戚達が景気を添えます。双方が「盛路歌」と「開路歌」をやり取りします。男性側の隊列が歌を歌うと女性側の集落の人々は場所をあけ、最後にはすべての障害物を取り除いて彼らを集落に迎え入れます。

広西チワン族自治区の三江、竜勝一帯では「月也」の時に隣村の芦笙隊が村の外までやって来ます。村では生活用品や労働で用いるさまざまな用具でバリケードを作り、主人と客双方が歌を歌い合います。その様子は婚礼の時よりもさらに賑やかです。このようにして歌の才を競い合ったり知恵比べをしたりして友好をより一層深め、恋人を選び愛を育むのです。来訪者側が歌で返答すると、地元の村側は退いていきます。もし、来訪者側が歌で返答することができなければ、その村に対し敬意を表して爆竹を鳴らします。村側もバリケードを取り除いて来訪者を迎え入れます。

歌詞は以下のような内容です。

山の村に金の鳳凰が飛んできた。
あなた達は花を増やしにやって来た。
私達は何のおもてなしもできない。
歌いましょう、彼女は楽しみを増やすことができる。

来客が帰る時になると、村の娘達は再びグループになって村の入り口まで「盛路歌」を歌って客を引き留めます。主人と客は互いに歌をやり取りし合い別れを惜しみます。やがて来訪者は手厚く迎えてくれた主人に砂糖菓子を贈り去っていくのです。

湖南省通道侗族自治県の「大霧梁歌会」では大霧梁山の路上で青年男女がよく集団となって道を塞いで相手の行く手を遮り、歌のやり取りをします。これは歌会の序曲です。双方ともに思う存分歌い合うと、一緒に高い山の背に登り、歌会が盛り上がっているうちに去っていきます。

大霧梁から下ってくると、近隣の侗族の村からまた歌声が響いてきます。若者が娘の家の門の外までやって来ると、娘は12本の棍棒を置いてバリケードを作ります。若者が12曲の歌を返すと、娘はようやく障害物を取り除いて門を開けて若者を家に迎え入れ、暖炉のそばで夜通し歌を歌います。

　相手が歌ったら自分も1曲歌います。歌は自由に選べますが、繰り返し同じ歌を歌うことはできません。「盛路歌」はすでに侗族語だけでなく中国語の歌もあり、趣のある一つのまとまった「民謡」として発展してきました。

　「盛路歌」がさまざまな場面で歌われることから、侗族は芸術性のある生活様式の民族であるといえるでしょう。その生活は多芸多才で大変情緒豊かなものなのです。

　葬送儀礼は、人生最後の通過儀礼であり、普遍的に人々から重視されています。侗族の人々は葬送儀礼琵琶歌手を呼んで琵琶歌を歌わせます。歌の内容はすなわち（1）生者の死者に対する哀悼の表示（2）死者の生前の功徳の回顧（3）亡霊を済度し、死者の霊魂を安らかにする（4）死者に対して好い願望を寄せる、というものです。

　葬送儀礼は人生儀礼の中の一種独特な方式です。侗族の観念において、死は生きている者にとって悲痛なものであるが、死者にとっては世俗からの解脱であると意味づけられています。したがって葬送儀礼を行う際に中心となる発想は、「賑やかなほど良い」ということです。侗族地区ではよく婚礼と葬礼を「紅白喜事」として並び称しています。葬事を喜ばしいものとして賑やかに行いますが、一方では死者の霊魂を楽しませる性質を持ち、もう一方では人々の生老病死という定めに対する認識を表現するものです。

　侗族の人はお客が好きで、礼を重んじるので、侗族地区は「文明礼儀の侗郷」と呼ばれています。初めて侗族の村へやって来た人か、しょっちゅう来る人なのかにかかわらず、主人の家の厚意は、まるで久しぶりに気心の知れた旧友に再会したかのようです。客人が侗族の村に入ると、誰もが心をこめて彼に挨拶をします。もし、声を出さずに黙っていたり、頭を上げたままで客人に対してきちんと振る舞わなかったりする人がいると、人々はその人を「装大」（威張っている）と笑うか、礼儀知らずと笑うでしょう。ですから、知り合いかど

うかに関わらず、遠方から来た客に逢うと、人々は同様に親切に挨拶をします。「どこから来たんですか？」と。客人が旅の途中だと言うと、主人は「もう遅いから、一泊休んでから行かれてはどうですか！」と言うでしょう。もし、客人がここに親戚も友達もいないと言うと、主人は「我々の家に泊まりにいらっしゃい。誰だって家を持って出てくることなんかできないでしょう。でも、うちにはあなた方のように遠い所から来たお客さんをもてなすおいしい食べ物は何もありませんけれどね。」と言うでしょう。

初めて知り合った場合でも、その時から彼らは必ずいつもやってくるようになります。口では食べ物は何もないと言いますが、鶏か鴨をつぶさなければなりません。少なくとも塩漬けの魚・塩漬けの鳥はあり、酒も少なくありません。「壺に酒がなければ客を泊めない」という話は侗族郷ではあり得ないのです。仮に、瓶に酒がなければ、主人自ら村まで行って借りて来て客をもてなすでしょう。そして、酒の席で生き生きとした比喩を使って客人に謝ります。「我々の山里は川が小さくて、あなた方の大河の辺りとは比べものになりません。もし、嫌でなかったら、今後もいつでも来て下さい」と。酒を勧める時も比喩の言葉を用いて客人にたくさん飲ませます。「あなた方は河辺で生まれ、龍の池に住んでいるから、水に溺れるなら深く溺れたらいいですよ」と。料理も次から次へと客人の前に並べます。もし、男性の客なら、男主人が相手をして、女主人は炊事をし、また、客人のために顔や足を洗う水を持ってきます。

さらにおもしろいのは、「斗牛」を買いに行く客人でさえ、とても謙虚に遠慮がちの隠喩の言葉を用いて話すのです。「あなた方の村に才能も容貌も抜きん出た娘さんがいると聞きました。我々の村にもりっぱに育った兄弟がいます。あなた方と親戚になりたいと思うのですが、長老達はどう思われますか？」主人もまたごく自然な遠慮がちの態度で、自分の家は貧しく見苦しいが、客人が嫌だと思いさえしなければ、親戚関係を結べるという話をします。双方が牛の値段を話し合って決める時、客人は主人に「礼をするのにどのくらいの餅がいりますか？」と尋ねます。主人は「三元」あるいは「五元」の餅米だと答えます。もし、誰かが愚かにも「あなた方のこの牝の子牛はいくらですか？」と尋ねたり、あるいは愚かにも「五百元！」と答えたりしたら、それは間違いなく笑わ

れることになります。人々はこのような人を間抜けではなく、礼節を知らない人、あるいはお金を重視し過ぎていて、村同士の友好を重視しない人、とみなします。甲村が一頭の「斗牛」を乙村に売り、両村はこれから「客村」関係を築き、年を追うごとに友好を深めていくのです。ですから、仮に値段が不当だと感じて、増加を提案する時は、まず相手の自然の豊かさ、家業の大きさを褒めてから、「もう少し多くの餅で礼をしてください。隣村や外の村に我々を褒めさせたら、お互いの顔が立ちます」と言うか、あるいは、遠回しに、「必要な礼は決して多くないのですが、我々の山は貧しく田は痩せていて、親戚兄弟に申し訳ないです。厚かましいのですが、今日親戚からもう少し多くの礼をいただいたら、我々はこの情けを忘れることはありません」などと言うのです。誰も客人に、赤裸々に「お金が少ない」とか「値段が高い」というような話を面と向かって言って、他の人から礼節を知らないと笑われたくないのです。

　盛大な芦笙大会の集会は、青年達がまず鼓楼に集まり、数多くの礼節儀式を経てようやく笙の競い合いが始まります。客村の笙隊がやって来ると、いつも試合をする平らな場所で三本の笙の曲を奏でて、東の道に向かって主村へのあいさつを表します。主村の笙隊はで三本の「迎客曲」を奏で、また、鉄砲を放って客隊を中へ迎え入れます。芦笙試合の活動は正午までかかり、主村の娘は男子が笙を吹くのにしたがって誰を前に案内し、客隊の芦笙を吹く人のために喉を潤す甘酒を贈ります。酒を飲み終わった後、客隊の青年達は飴を買い、爆竹が鳴り響く中で芦笙を吹いて娘達に謝礼をしなければなりません。村と村、集落と集落との間の社交の「為hei」「為頂」の活動の中で、客人が集落のあたりに到着すると、主集落の娘達は客を迎える「盛路歌」を歌います。その後、男達が笙を吹き爆竹を鳴らし、鼓を打って客人を集落の鼓楼の中へと迎え入れ、主集落の男子は客隊の女子歌隊が歌う大歌につき合わなくてはなりません。試合をする場所の外では、女子も客人の歌隊につき合って休まずに歌わなければなりません。客人が挨拶を告げる時は、村中の老若男女の大勢が出てきて見送り、客隊は笙楽敲鼓の響く中、主人が贈った一頭の黄牛と和山羊とを率いて主集落の人々と別れを惜しみます。このような贈り物の牛や羊を「尾巴」といい、「尾巴」は友好が途絶えないことを表します。

外の集落へ「為 hei」「為頂」へ行く途中で他の村集落を通る時は、芦笙を吹奏して道を通るじゃまを知らせなくてはなりません。通過する村集落は笙曲を聴くと、集落の周りに出てきて引き留めます。そうでないと、礼節を知らないとみなされるのです。仮に、これまで交流がなかった客集落が外で笙を吹いていても、人々は出てきて引き留めるでしょう。もしそうでなかったら、自分の集落の面子が台なしになるのです。文化大革命の期間、従江県銀壇集落の若い男女が高増集落の辺りを通り、引き留めることを主張した人もいましたが、「恢復四旧」の罪名を着せられるのを恐れた人もいて、結局、客人は芦笙を吹きながら平求集落へ行ってしまったということがありました。高増集落の多くの人は感慨を持って当時のことを「客人が境界を通過するのに留める勇気がなかった。いまはもう、我々の集落はもう 1 つの村集落のようではない」と語っています。

客をもてなす宴会では礼節もまたさらに方法を講じます。これらの礼節には酒歌を歌い酒を勧める、杯を交換する（「交杯酒」という）、「転転酒」などの形式があります。酒を勧める時は主人がまず祖先を祭り敬ってから、すぐに客は杯を挙げます。酒が数回回った後、男女の主人がもてなしがいたらない謝罪を表したり客人の酒歌を褒めたりして、遠方から来た客人にたくさん飲むように勧めます。

杯を交換するのは侗族の一種独特な礼節です。主人が左手で杯を持ち上げて客人に勧め、客人は右手を主人が勧めた杯につけ、同時に左手で杯を挙げて返杯します。そこで、4 本の手がともに 2 つの酒杯を持ち上げ、互いに先に飲むよう勧めます。普通は同時に飲むか、年長者が先に飲みます。もし、誰かが相手の勧める酒杯を持ち上げて一気に飲み干すと、その人は口がいやしいと笑われるにことになります。杯を交換して飲む形式は主客の団結や友好の「全卓転」（テーブルを廻っての飲み）を表しています。この種の酒を飲む礼節もまた「喝転転酒」（廻り回っての飲み）と呼ばれます。つまり、主人が立って右手で杯を挙げテーブル全体を招待することによって、みんなも起立して、一人ひとりが右手で杯を挙げて右に座っている者に勧めます。そして左手で左に座っている者が勧める杯を持ち、テーブルの人がみな一緒に杯を持ち上げてテーブルを囲み、1 つの円を成し、みんなが譲り合います。最後はまず年長の客人が先に飲み、続いて飲み終わった者が右側の席へ次々に回していき、一人ひとりに連な

って飲み干していきます。このように酒を勧める礼儀と酒を飲むやり方は、宴席に一層友好的な雰囲気を添えるのです。

7-2　入村儀礼

侗族の村は、外来者が入村する時、歓迎の音楽を奏でる村人でいっぱいになります。道を塞ぐようにして、「注連縄」の向こうには、数人の娘たちが立ち、「注連縄」のこちら側には、外来者である私達が立ちます。「注連縄」は、草をぶらさげただけの簡単なものです。しばらくすると16歳から18歳までの娘たち数人で次のような歌を歌います。この娘たちは、13、4歳頃から、さまざまな歌を兄弟、友人から学んだと言います。

歌1

「おまえさんたちは、どこからきたのか。
わたしたちの村は、物忌みをしている。
わたしたちのニワトリや、アヒルは、卵をだいている。
三日のあいだ物忌みをしている。
わたしたちの牛や豚は、子を産んでいるところ。
三ヶ月のあいだ物忌みをしている。
わたしたちは、村をきれいにしている。
三年のあいだ物忌みをしている。
よそものにわたしたちのところにはいってきてもらえない。」

歌2

「おまえさんが皇帝だって、こわくはない。
どうか、都にもどっていっておくれ。
わたしたちの村に無理をしてはいってこようとしても、
わたしたちには、腰掛けすらない。
そんなときにやってきたら、わたしたちは、おまえさんたちをうやまわない。」

このような歌がいくつか歌われた後、こちら側から、「こちらは本来、村の秩序を守り、特別な接待をしてもらわなくてよい、村には物忌みなどない」という歌を歌います。この歌が終わると、「注連縄」が切られ、爆竹が鳴らされます。人々は村人の歓声のうちに、入村を許されるのです。

7-3　接待儀礼

　入村を終えたあと、宴会が催されます。おそらく村の半分くらいの人が集まります。着席の後、入村の時に歌を歌った娘たちが、また客に向かって歌を歌います。

歌3

「おまえさんたちは、とおくからやってくる。
わたしたちのところには、たべるものもない。
おまえさんたちに、うすい酒を一杯のんでもらい、
わたしたちの気持ちをあらわしたい。」

歌4

「きょう、おまえさんたちがやってきて、おどろいている。
野菜畑にうえてあるマメの花がさこうとしない。
ことし野菜をうえたが、（できがわるいので）土をしかりとばそう。
ウリをうえ、トウガラシをうえたけれど、まだ川のそばの畑にある。
川のそばでできたカブラは、ながい根っこになっただけ。
川の深みにいる魚は、子をうんでいる。
油茶もなく、どうして、宴会がひらけるかわからない。
いま、わたしの家には、お金がない。
どうしたら、うまくやれるかわからない。
家のなかで、どのように衣服をつくろったらよいかわからない。
いま、おまえさんたち、客がやってきて、そろった。
おまえさんたちになにを差し上げられるかわからない。」

その後、二人一組になった村の娘が酒を入れた杯を持ってやってきて、客人の前で歌を歌い客人に酒を勧めます。この酒を断れば、3杯の酒を飲まなければならないことになっています。酒を勧める歌には、中国語のものもあります。どの歌も短いものです。宴会にいた人のなかには、侗族の人も漢族の人もいました。その中で歌われた歌には、次のようなものがあります。

歌5
「この酒をのまないと、おまえさんに罰として九杯飲ませますよ。」

7-4 命名式

命名は誰が行ってもよいことになっています。命名は、生後3日目あるいは、1か月経った後行われます。まず、祖父、祖母、両親などの名前から1字が選ばれ、これに冠詞のlaoxがつけられて、幼名になります。laoxは、男にも、女にも使われます。学校に行っていない人、同輩、家族は、本人を一生この名で呼びます。

学校に行くときには、書名といわれる名前を使います。書名の第一字は、祖父、祖母、外祖父、両親の名前から選ばれ、兄弟姉妹に同じ字が使われることが多いです。例えば、李正剛の子にはいずれも第一字に定がつけられ、定運、定棟、定成などとなります。

多くの女性は母親になると、子どもの第二字にneixをつけます。すなわち、何々という子どもの母親という意味です。

7-5 求婚儀礼

今日では侗族の若者たちは学校に行くので、求婚をするため歌を知らないまま、琵琶を弾けない者もいます。以前は男は歌を歌い、琵琶を弾き、恋歌を歌い、求婚しました。例えば、次のような歌を歌ったということです。

歌6
「わたしは、独り者。
おまえさんたちといっしょにすわって歌を歌う。

おまえさんたちは、すでによその人といっしょなってしまっている。
わたしが、どうして、愛人をさがせようか。」

かつて、歌を歌えない者は、求婚できませんでした。女は結婚の意思を表すため、男に袋を与えました。結婚前、男は自分の友だちを連れて女の家に行き、女の家の仕事を手伝いました。

求婚の歌には、男と女が一緒に歌う「月堂歌」というのがありました。娘たちは編み物などをし、若者はその横で歌を歌いました。

恋愛歌のなかには、対歌形式つまり、対歌北歌がありました。今日でも、恋愛の歌は、宴会などのおりにも、歌われることがあります。例えば、

歌 7

「わたしは、いく。
おまえさんも、いく。
よろこんでいこう。
おまえさんがいっても、わたしは、いかない。
おまえさんがいっても、わたしは、とどまる。
まるで、山が半分くずれたように、
わたしは、おちつかない。
川の流れがつきないように、
わたしたちは、話をはなしおえていない。
わたしたちは、いついっしょになれるかわからない。
おまえさんといっしょになれなくても、おまえさんをうらまない。
おまえさんが、まだ女友だちがいるので、
わたしのところにやってきて、わたしと会わなくてもよい。
おまえさんが、おまえさんの恋人といってしまえば、
わたしは、もういきていけるとはおもえない。
わたしは、おまえのいうことに耳をかたむける。
命がなくなれば、わたしは、おまえといっしょになれないのだ。

わたしは、しょせんただの独り者。
わたしは、このようにどこにもいかない。
死んでしまうのだ。」

男と女が遊んだ後、川辺で再会を祈り、「川の歌」なるものを歌います。

7-6 結婚儀礼

　婚約が成立すると、農暦の十、十一、十二月の良い日に結婚することになります（けれども、別の月に結婚している例もあります）。男が女の家の者に歌を返します。初夜には新郎新婦は同室せず、炒った後ついたモチゴメを食べ、飲み、歌い、騒いで一夜を過ごします。その後、新婦は自分の父親のところに帰り、二晩過ごします。その後、新郎は自分のところに新婦を連れて帰り同室するようになります。

7-7 葬式

　人々は生前から棺桶を作り床下に置いておきます。人が死ぬと、家族の者が、井戸から水を汲んできて、その死体を清めます。死者には、白の下着と腓色のシャツを着せ、そのうえに上着を着せます。棺の下には、白い下を二枚被せます。お金のある人は棺の四隅に馬蹄銀を置きます。人が死んだ時にも歌を歌います。

7-8 祖母堂祭典

　すべての侗族の村には、祖母堂があります。祖母堂は隣村の人たちにも信仰されています。祖母堂には祖母神が祭られています。祖母神は村を守るとされています。農暦の正月と七月十四日に祖母堂のご開帳があります。村では専門の人が祖母堂の管理をしています。それ以外の時に祖母堂を開けるのは、禁忌とされています。

　この祖母堂を開けると、ニワトリ、塩漬けの魚、鮮魚、茶、酒などが捧げられ、紙銭を焼きます。そして、祖母堂の世話をし、短いお経を唱えます。

3 年から 5 年経って、正月に祖母堂の中に置いてある黒い傘を交換し、ブタをつぶし、tos yeeh といわれる歌を青年たちが歌います。

7-9　バニヤン樹祭

樹齢数百年になるバニヤン樹が、都柳江の岸にはあります。農暦の二月二日、この木のところにやってきて、香を焚き、紙銭を焼き、酒やご飯を捧げ、子どもの幸せを祈ります。祈りの言葉はそれぞれが唱えます。

7-10　道塞ぎ歌

道塞ぎ歌は、新年や節句などのときに、別の村から訪問者がやってくるときに歌います。すなわち、コミュニティーの人たちが交流するときに儀礼的に歌われる歌です。普通、若者たちが娘たちのいる村を訪れます。主人である女たちは、木の枝や、腰掛けや、ニワトリを入れておく籠などの障碍物を置いて道を塞ぎます。あるいは、草でもって縄を作り、道を塞いでおきます。私の経験したのはこの注連縄のほうです。以下に見られるような本格的な道塞ぎに比べると、簡単なものであるといえます。

結婚の時、新婦を迎えにやってくる人たちに、新婦の村の若者たちが道塞ぎをし、迎えにやってきた人たちと歌掛けをすることもあります。主人側と客側は、障碍物を隔てて立ち、歌掛けをします。主人側は、まず「物忌みがある村に入るな」と言います。これはどの道塞ぎ歌にもあり、最も重要な点といえます。村側の人は物忌みの理由として、歌 1、歌 8 にあるように、「家畜が子を産んだ」あるいは、「産んでいるところだ」と言います。歌 8 にあるように、「祖母堂を建てたところだ」という場合もあります。歌にあるように客側は、「物忌みなんかない、自分たちを迎え入れると、村に平安がやってくる」と言います。むろん、すべては儀礼なのであげくの果てには客側は、「おまえさんたちと友達になりたいのだ」「嫁さんを探しているのだ」などとも言います。歌 8 を見ればわかりますが、この歌は主人側と客側の歌掛けの形式をとっています。主人側が歌う部分は道塞ぎの歌ですが、客側が歌う部分は道を開けてもらうための歌なのです。

村側すなわち主側に障碍物が置かれている理由を述べ、客側は障碍物を取り払ってもらう理由を挙げ、取り払うように乞います。

歌2にあるように「村には、腰掛けがない」歌7では「スカートに冊がついていない」と言い、客を迎える準備が整っていないので村に入ってもらえないと言います。

次に挙げる歌は、従江県の歌師、梁普安の覚えているもので、大変整然とした歌です。

歌7
女：
「きょう、おまえさんたちがやってきたが、わたしたちの村では、物忌みをしているので、木の枝をきって、道をふさいでいる。
道をふさいでいるので、けっして、しらない人をなかにいれない。
しらない人が村にはいれば、村はおだやかでなくなってしまう。」
男：
「きょう、わたしたちがやってきたので、おまえさんたちのところでは、物忌みをしないでおくれ。
木の枝をきって、道をふさがないでおくれ。
木の枝をとりはらい、わたしたちをいれておくれ。
わたしたちが村にはいれば、村はおだやかになる。」
女：
「きょう、おまえさんたちがやってきたが、わたしたちの村では、物忌みをしているので、木の枝をきってきて、入り口にある門をとりかこむ。
入り口にある門の周りには、けっして、しらない人をなかにはいれない。
しらない人が村にはいれば、村はおだやかでなくなってしまう。」
男：
「きょう、わたしたちは、おまえさんたちのところにやってきて、物忌みをしないようにたのむ。
木の枝をきってきて、入り口の門をとりかこまないでおくれ。

木の枝をとりはらい、わたしたちをいれておくれ。
わたしたちが村にはいれば、村はおだやかになる。」
女：
「わたしの家では、アヒルの雛がかえったので、わたしたちの村は、物忌みをしている。
わたしたちの家のなかでは、物忌みをしているのでしらない人をなかにいれない。
しらない人が村にはいれば、ニワトリとアヒルが卵をかえせなくなる。」
男：
「家でニワトリや、アヒルが卵をかえしたからといって、いままで村が物忌みをしているなどという話は聞いたことがない。
ただ、おまえさんたちが、わざと、家のなかで物忌みをしているというだけだ。
うそをいわないで、さっさとわたしたちをなかにいれておくれ。
わたしたちが村にはいると、ニワトリも、アヒルも、疫病がなくなってしまう。」
女：
「たいへん残念。
きのうから、わたしの家で、ニワトリの雛がかえった。
おまえさんを村のなかにいれると、
おそらく、わたしは、両親のいうことにしたがわないということになる。」
男：
「おじけづかないように。
おまえさんの家でニワトリが卵をかえすことなどどうだってよい。
おまえさんは、はやく門をあけて、しずかにわたしをいれておくれ。
おまえさんは、ただ、米がご飯になるということに同意してくれればよいのだ。」
女：
「たいへん残念。

おまえさんをいれると、両親がしかる。
 もともと母親は、娘の様子をみており、
 なにをしても、母親をだませない。」
男：
 「こわがることはない。
 両親というのは、しかるのがすきなのだ。それだから、お母さんにはしからせておけ。
 ただ、さっさとわたしたちを村のなかにいれておくれ。
 わたしたちは、よい歌を一曲歌って、お母さんを説得しよう。」
女：
 「わたしたちは、おまえさんたちがやってくるのをよくしらなかったので、スカートも洗ってからまだ冊がついていないし、上着も、まだかがっていない。おまえさんたちがくるということがわかっていたら、はやくから準備をして、ととのったものを身につけ、頭にかぶり、おまえさんをまつのに。」
男：
 「おまえさんたちは、わたしたちがやってくるとこと、はやくからしっており、スカートは、すでにあらって、冊がついているし、上着も、もうかがってある。わたしたちは、やってきた。おまえさんたちは、まえから準備をしている。木の枝をきってきて、門をしっかりとかこんでいる。」
女：
 「だれが、おまえさんたちを、きょうくるようにさせたのか。きょう、おまえさんたちがやってきても、わたしたちは、門をあけない。きのう、母ブタが子をうんだところ。おまえさんをはいってこさせると、親ブタと子ブタは、災いにあう。」
男：
 「おまえさんたちは、わたしに、きょうくるようにいった。
 わたしたちがやってきたのに、門をあけないという。
 どの母ブタが、子をうんだので、子がいっぱいになったというのか。
 やかましい子どもがいる、ということにしていることが、はっきりわかる。」

女：
「きのう、わたしの村では、祖母堂をたてたところ。
きょう、木をきり、道をふさぐ。
門のうえには、しらない人をなかにいれない、印がしてある。
しらない人が村にはいると、ニワトリも、イヌも、おだやかでなくなる。人も、不安。」
男：
「おまえさんたちは、いつ祖母堂をたてたのか。
どうして、それをまえもってつたえてくれなかったのか。
いまとなっては、おまえさんたちの村についているので、
わたしが、なかにはいっていくのも、うしろにさがっていくのも、どちらもむつかしい。」
女：
「きのう、わたしの村では、すでに土地に感謝した。
きょう、わたしたちは、すでに物忌みをしている。
龍を安置し、土地に感謝すると、村は三日のあいだ物忌みをしなければならない。
三日まって、それからまたきたらよい。」
男：
「おまえさんたちが、土地に感謝をしたら、わたしたちも、はいらなければならない。
おまえさんたちが、物忌みをしているなら、わたしたちも、こなければならない。
わたしたちは、みんなたいへん福々しいので、
妖魔をおいだし、ちらしてしまう。」
女：
「さわがしい年の始めに、わたしたちは、道を遮断しないといけない。
道を行き来する人の通行証をしらべ、
道を行き来する人にこまかくといつめなければならない。

通行証のないものが、とおりすぎようなどとは、おもうな。」
男：
「この世が平安であるのに、なぜ道を遮断しなければならないのか。
よい人が道を行き来するから、通行証をしらべなくてもよい。
よい人が、道をとおりすぎ、おまえさんにといつめないでくれとたのむ。
わたしには、通行証があり、それを身につけて、あえてやってきた。」
女：
「木の枝が、道をふさいでいるので、道は、とおれない。
よい人も、わるい人も、どちらも、とおりすぎることができない。
おまえさんが、あくまでとおりすぎたいのなら、わたしは、おまえさんにたずねる。
ここにきて、なにをするつもりなのか。」
男：
「木の枝が、道をふさいでいるので、とおれない。
わるい人には、道をふさぎ、よい人は、とおらせればよい。
もし、おまえさんが、わたしにたずねたいなら。
村にはいって、ゆっくり話をする。」
女：
「どこの青年なのか。
どこの青年は、顔が霜のようにしろいのか。
どこの青年は、顔が霜のようにしろいのか。
わたしは、カラスのようにくろい人をまって、わざと道をふさいでいる。」
男：
「道をひらいて、いこう。
くどくど、あれこれいうこともない。
わたしたちが、わざわざでかけてきたのは、おまえさんたちと仲間になるためだ。
だれかのよいよめさんよ。道をふさがないでおくれ。」
女：

「どこの青年なのか。
どこの青年は、顔が氷のようにしろいのか。
どこの青年は、顔が氷のようにしろいのか。
わたしは、カラスのようにくろい人をまって、わざと道をふさいでいるの。」
男：
「道をひらいて、いこう。
くどくど、あれこれいうこともない。
わたしたちは、わざわざでかけてきたのは、おまえさんたちと仲間になるためだ。
だれかのよいよめさんよ。道をふさがないでおくれ。」
女：
「どこの青年なの。
どこの青年なの。おまえさんは、どこにいきたいの。
おまえさんが、左にいきたいのか、右にいきたいのかわからない。
上にいきたいのか、下にいきたいのか。
ここにきたら、空はすでにくらい。
わたしは、とことんまで事情をといたださなければならない。」
男：
「道をひらいて、いこう。
くどくどと、話題をさがさなくてもよい。
わたしはどこにもいかない。ここにきて、
もっぱら、おまえさんたちをたずねて、友だちになるのだ。
もっぱら、おまえさんたちをたずねて、仲間になるのだ。
はやく道をふさいでいる木の枝をとり、かたわらにかたづけろ。」
女：
「どこの青年が、このように野蛮なのか。
物忌みもないのに、だれが道をふさぎたいのか。
おまえさんたちは、いそいでどこにいきたいのか。
始めから終わりまで、ことこまかくはなしてよ。」

男：
　「「九洞」の青年は、野蛮にはなれない。
　おまえさんたちは、まるでほんとうに村で物忌みをしているようだ。わたしたちは、村のそばでやすむ。
　年上の青年が、家をでていくのは、よめさんをさがすためだ。
　だれが、だれにきてもらって、話をしてほしいのか。」
女：
　「どこの青年が村の入り口までやってきたのか。
　わたしたちは、おまえさんにその理由をいってほしい。
　どこにいって、親友をたずねるのか。
　どこにいって、ウマやウシをかいたいのか。
　ここにきたら、空はすでにくらい。
　村に物忌みがなかったら、わたしたちは、大切な客をとどめる。」
男：
　「「九洞」の若者が村の入り口にやってきたのなら、
　いま、おまえさんにむかって、その理由をいってもらう。
　恋人をさがすために、ここにやってきて、うろついている。
　おまえさんが、村のはずれまでやってくると、空はすでにくらい。
　おまえさんは、空をそのままにしておこうとは、おもわないだろう。」
女：
　「どこの青年は、このようによいのでしょう。
　どの人も、よい顔色をしており、すきとおるようにしろく、まるで、仙人がつかう天秤棒のよう。
　おまえさんは？？を忌み嫌っているので、おたがいにちかづくのがむつかしい。
　ただ、門をへだてて、手をとりまねく。」
男：
　「「九洞」の青年は、よくない。
　着物はやぶれ、野良猫のよう。
　おまえさんは、きらいなので、わざといましがた村に物忌みがあるといった

のだ。
門をひらいてくれないなら、わたしは、門のそとで夜をあかす。」
女：
「おまえさんたちの芦笙がなるのをきいて、
わたしたちは、村の入り口にあつまる。
さきをあらそい、おくれをとるまいと、はしってきて、だれかのむこさんをみる。
もってきたものは、ここにきて、おいてある。
つぶれたものが、みんなで三十点ほどある。
おまえさんが、村にはいろうとおもえば、手をうごかし、
一つずつとり、わたしにわたしてください。
一つずつそれについて、説明し、わたしてください。
おまえさんはその意味と由来をいわなくてはなりません。
それをひろいあげ、道をきれいにしたら、
おまえさんを村にいれて、鼓楼におらせる。」

この後、男たちは道を塞いである三十点ほどのものを1つずつ拾い上げて、歌います。

歌9
「こわれたものが、なぜわたしをわずらわし、わたしが手をうごかさなければならないのだろう。
よいものをひろいあげ、わるいものをなげすてる。
道をふさいでいる木の枝は家にもってかえり、くべる。
ニワトリ籠や、竹をあんだ籠は、溝にすてる。
カボチャや、ヘチマは、スープにする。
トウガラシや、アオマメは、酒の詰によい。
糸より車や、織機や、糸をまきつけるものは、
女がつかうものだから、おまえさんたちが、それぞれかたづければよい。

第4章　侗族琵琶歌の文化化の機能

水オケや、水をいれるヒョウタンなどは、置き去りにはできない。
水ガメや、たらいは、とっておかなければならない。
竹の骨に油紙をはってできた笠や、蓑は、雨の日につかう。
マグワは、とっておき、整地につかい、スキは、溝をひらく。
鉄でできた杭には、柱をのせるし、つかう場所がある。
木でできたハシゴは、とっておけば、やぐらにのぼるのによい。
帽子は、とって、子どもにやり、かぶらせる。
雑木でできたまな板は、肉をきるのによい。
テーブルや、腰掛けは、はこんでいき、家のなかにおいておく。
チリトリや、つぶれた笊は、なおさなければならない。
トラや人の形をしているのは、藁の束。
そとにかぶせてあるものをひらき、もとの形をみせればよい。
シーツや、毛布は、行李におさめる。
草でできたむしろは、もっていき、ウシにくわせる。
道のうえにおいてあるものは、もうすっかりひろった。
芦笙をふきならし、村にはいり、鼓楼にいこう。」

これは男たちが藁の束でできた人形を運び去るか、ただの藁を人形にみたててそれを運び去るときに歌う歌です。

歌10

「だれの家のこどもが、道のまんなかにたっているのか。
背がひくいし、ひくくもなし、そっかといって、たかくもあり、たかくもなし。
体は、藁のようにひからびて、やせている。
頬は、真ん丸く、野良猫のよう。
その子に、なぜこたえないのか、きいてみろ。
すなわち、おしなのだ。頭をもって、ゆすってみろ。
空からやってきた兵隊が道をとおるが、龍馬にのり、
人をふみころし、むちゃくちゃにする。

この子の母親は、だれだ。
はやくきて、この子を背中にせおって、命からがらにげていけ。」

この歌を歌い終えると、藁でできた人形を娘たちの頭の背中にひっぱり上げ、お金を贈り、飴を買えと言います。みんなはそれを聞いて、笑い、芦笙を吹いて村に入ります。

7-11 酒の歌

侗族は酒の歌を gal kuaot と呼びます。酒の歌の最も盛んな地方は、天柱県、新晃県などのだといわれています。お祝いの席、親しい友達などが集まった時、食事を共にする時に歌われます。酒の歌には、侗語と中国語のものとがあります。ほとんどは、敬意、お世辞、お祝い、ほめことば、忠告、感謝などを表しています。

酒の歌は、宴会の初めから、終わりまで歌われるわけですが、初めのあたりに集中します。まず、宴会を始めるときの歌が歌われます。道塞ぎと同じように、いわば、「テーブル塞ぎ」が行われます。主人側はテーブルの上にいろいろな台所で使っているもの、家の中にあるもの、農具などを置いておき、客に1つずつ「これは何か」と尋ねます。客側は「それは、何々だ」と答えていきます。テーブルに置いてあるものがすべて取り払われると宴会が始まります。この歌は「宴会をひらくための歌」と言えるものです。

歌11
客側：
「みなさんは、すでに準備がうまくととのっているとおもわれるでしょうが、どうして、家のなかには、まだめちゃくちゃにちらかっているのか。
テーブルは、まだ、かたづけていないし、
ナベや、カマなどが、いたるところにほってある。
娘たちは、さっさとかたづけるがよい。

なまけすぎないように、はずかしがらないように。
　もし、おまえさんが、おもたい体をうごかし、一言いってくれれば、
　わたしたちは、おまえさんが、すべてをかたづけるのをてつだおう。」
主人側の答え：
　「はやくから、いそがしく、汗をだし、
　水をくんできて、野菜をあらい、火をつけなければならなかった。
　家のなかは、みだれていて、かだついていない。
　おまえさんたちは、それをみて、わらわないでくれ。
　おまえさんたちは、すでにやってきているので、じっとすわってないで、
　さっさと、床を掃除をするのをてつだっておくれ。
　床のものをきれいにかたづけたら、
　テーブルにあるがらくたをみんなもっていけばよい。」
主人側の問い：
　「これは、なにか。
　これをよんだ歌をつくっておくれ。
　おまえさんが、歌を1つずつ歌い、1つずつかたづけ、
　すべてのがらくたをテーブルのしたにもっていこう。」
客側の答え：
　「竹でできたハサミをとり、かたわらにおいておきなさい。
　酒をのみ、飯をたべるのに、火バサミはおいておかなくてもよい。
　箸が一膳あれば、それでおかずをはさめる。
　ハサミをおいておけば、肉がきれる。」
主人側の問い：
　「ここにある2つのものは、なんというのか。
　どれも、おなじように、耳がついている。
　これは、ある人に、炭をいてもらい、ある人につくってもらった。
　だれでも、わかったものは、はやくいっておくれ。」
客側の答え：
　「その名前はカマとナベで

どちらもおなじように「耳」がついている。
「ヤンツァイ」が炭をやき、「カツォン」がつくった。」
主人側の問い：
「のこっているものが、これがどういうものなのか。
1つずつ、言ってもらい、きこう。
おまえさんが、歌を1つずつ歌い、1つずつかたづける。
1ついうのをやめてもいけない。」
客側の答え：
「1つ目は、芦麩という。
2つ目は、牛腿琴という。
3つ目は、琵琶で、その音は、きよらかだ。
4つ目は、笛で、その音は、きいていてもっと気持ちがよい。」
主人側の問い：
「おまえさんは、だれが芦麩をつくったとおもうか。
おまえさんは、だれが牛腿琴をつくりだしたというのか。
おまえさんは、だれが琵琶をつくりだしたのというのか。
だれが笛をつくったのか、いって、きかせてくれ。」
客側の答え：
「わたしは、まず、おまえさんにいって、きかせてやろう。
チン・ホアソンガオが牛腿琴をつくりだした。
チン・バララィが琵琶をつくった。
チン・チェンが笛と芦麩をつくった。」
主人側の問い：
「これらがなんだとおもっているか。
わからなければ、勝手にいってはならない。
まちがっていったら、宴会をひらかない。
たとえ、酒があっても、のんではならない。」
客側の答え：
「いおう。1つ目は、箕。

いおう。2つ目は、笠。
　3つ目の名前は、筑。
　4つ目は、チリトリ。」
主人側の問い：
　「おまえさんは、だれが糞をあんだとおもうのか。
　おまえさんは、笠をだれがつくったというのか。
　おまえさんは、筑をだれがあんだというのか。
　おまえさんは、だれがチリトリをつくったというのか。」
客側の答え：
　「いおう。カ・チェンが、糞をあんだのではないか。
　カ・クアンが、笠をつくったとおもう。
　いおう。カ・ズが、筑をつくった。
　空のうえにいたディン・ニンがやってきて、チリトリをつくった。」
主人側の問い：
　「この子どもは、たいへんかわっている。
　家にいて、笠をかぶっている。
　ここにたっていて、あるこうともしない。
　その名前をよぶと、それであるきだす。」
客側の答え：
　「それは、めずらしくも、かわってもいない。
　これは、人の服をきている藁束だ。
　おまえさんが、その名前をよんでも、はしれない。
　わたしに足て、りらせておくれ。」
主人側の問い：
　「どこの家の娘が、ここにたっているのか。
　背がひくく、お腹がまるい。
　おまえさんは、娘のお腹になにをもっているとおもいか。
　もっているものは、にがいか、あまいか。」
客側の答え：

「それは、娘ではなく、酒のはいったカメ。
　その口はちいさく、そのお腹はおおきく、その帽子はひろい。
　そのお腹のなかにもっているのは、粗末な酒。
　甘さのなかにも、苦さがある。苦さのなかにも、甘さがある。」
主人側の問い：
「だれがしでかしたのか、たいへんまれで、かわっている。
　だれが魚の骨を碗のなかにいれたのか。
　だれかが魚でもって、客をもてなす。
　魚の骨は、どうしてたべられるのだろう。」
客側の答え：
「それは、櫛。
　なんだって、それが、魚の骨であるわけはない。
　わたしは、それを頭にのせる。
　のこっているのは、なにもはいってない碗で、肉をもるのによい。」
主人側の問い：
「冬になると、ヘビは、ふかい洞穴にかくれている。
　それでも、どうしてやってきて、井戸のそばによこたわっているのか。
　おまえさんは、そいつをおいはらうか。
　おいはらわずに、あの水をよこせるか。」
客側の答え：
「井戸のところに、ヘビがいるのがみえない。
　ただ、キセルが鉢のうえによこになっているのがみえるだけ。
　おまえさんが、わたしにとれといえば、とる。
　キセルをとりはらい、鉢は、スープをいれたらよい。」
主人側の問い：
「だれが、ふかい水たまりに橋をかけるか。
　盆のうえには、しろい龍がいるだけ。
　龍が木のうえをおおっているので、だれがとおりすぎることができるか。
　だれに、勇気があって、まえにむかってあるけるか。」

客側の答え：
　「しろい龍なんか橋のうえにはいない。
　　まちがいなく、銀でできた箸が、茶碗のうえにおいてある。
　　おまえさんたちには、勇気がないので、それをとろうとしない。
　　わたしめが、一手でとりあげよう。」
主人側の問い：
　「なにが、まっかっかなのか。
　　だれが、それを碗のなかにいれたのか。
　　その味が、あまいか、にがいかをしらない。
　　それをつかって、地酒をのめば、きまって、好い味がする。」
客側の答え：
　「トウガラシは、まっかっか。
　　トウガラシをまるごと、どうして碗にいれられるだろうか。
　　トウガラシの味は、ただ、たたいて、水にまぜればでてくる。
　　トウガラシをつかっても、地酒の味は、よくならない。」
主人側の問い：
　「3人の娘がたいへんねむそうにしている。
　　ある晩、みんな頭をしたにしてふせている。
　　どの若者がやってきて、娘たち声をかけ、
　　娘たちをおこして、うまく歌掛けができるのか。」
客側の答え：
　「杯がうつぶせにテーブルのうえにおいてある。
　　それは、娘がねむいので、頭をしたにしてふせているのではない。
　　わたしは、いま、手でつぎつぎにひっくりかえし、
　　それをひっくりかえして、酒をもり、のむ。」
主人側の問い：
　「はれた空から、突然、雹がふってくる。
　　山も野原も、みんなまっしろ。
　　テーブルも、腰掛けも、雹のしたにうずまった。

だれがやってきて、手をうごかし、わたしがそれをすくいとってくれるのを
たすけてくれるのか。」
客側の答え：
「綿が地面いっぱいにちらかっている。
雹がふってきたのでも、雪がふってきたのでもない。
おまえさんたちが、掃除したらよい。
主人が掃除しないのに、みだりに客にさせてはならない。」
主人側の問い：
「どこからやってきた兵隊とウマか。
あおい旗や、あかい旗が山いっぱいにたっている。
残念ながら、わたしたちには、つよく、いさましい将軍はいない。
兵隊をころして、旗をとってこられない。」
客側の答え：
「どこに、兵隊やウマがいるというのか。
まちがいなく、飯のうえに旗がさしてある。
わたしたちは、みんな、つよく、いさましい将軍だ。
手当たり次第に、旗をぬきとり、飯をつかむ。」
主人側の問い：
「山から、大水がでて、あれくるい、その勢いがつよい。
草の根も、木のくずは、みんな水たまりの中に生き、ぶつかりあう。
みんなは、手をうごかし、ひろいあげる手伝いをせよ。
ひろいあげないと、龍のすんでいる洞窟がふさがり、水がながれなくなる。」
客側の答え：
「山から大水がでて、その勢いがつよいということではない。
ほんのすこしの草が碗のなかにいれられてあるだけだ。
おまえさんは、自分でいれたのだから、自分でとりあげればよい。
それをとりあげなくて、なべてしまえば、のどにひっかかる。」

さてこれで、テーブルのうえにおいてあるすべての異物がとりのぞかれて、

宴会が始まります。しかし、そこですぐに食べ物に手を出してはいけないのです。まずは酒についての歌を歌い、その後、そこにある食べ物を一品食べるごとにその食べ物の起源にかかわる歌を歌わなければならないのです。これも、?族では、みられなかったものです。

歌12

（牛肉をたべるまえに）
「はじめ、水牛には、きるものがなかった。
体じゅう、毛がなく、ぴかぴかひかっていた。
あかい体についている肉は、まっかだった。
山をとおると、体がささされ、草が体をきるし、突進できなかった。
プーインが、毛をつくり、ウシの体中にさしてやった。
プーインが、蹄と角をつくった。
水牛の蹄も、角も、すべてよくできた。
水牛は、蹄と角を手にいれ、山をかける。
天から、あかウシがはなされ、チンヤンシエンにおりてきた。
チンヤンシエンにおりてきたあかウシは、よろこんでとびはねる。
あかウシがよろこんで、とびはねるのを、パンスイがみる。
パンスイが、みて、あかウシをひっぱってきて、囲いにいれ、囲いをしめる。
パンスイが、あかウシをひいて、家にやってくる。
あかウシは、歯がするどくて、いつも、パンスイをかむ。
パンスイは、仙人イエンスイにたのみ、歯をぬいてもらう。
イエンスイは、うえの歯をぬき、したの歯をのこした。」

（豚肉をたべるまえに）
「スイー川のほうに、一対のブタがでてくる。
雄ブタと雌ブタの口は、ヒョウタンのよう。
口は、ヒョウタンのようで、足は、茶碗くらいふとい。
あったかい餌を食べなければ、早く大きくならない、肉がつかない。

チンヤンシャチョウは、雌ブタをそだてる。
餌を煮るためには、桶にいれなければならない。
米糠が十分にあれば、ブタははやくおおきくなる。
ブタがおおきくなれば、はやく子をうむ。子は、村にみちる。
いおう。ドゥレンが下界にやってきて、ブタに手術をする。
ほかのところをきらずに、腹の皮をきる。
大腸と小腸をかきわけ、
卵巣をとりさり、肉をとるためのブタにする。」

(ヒツジの肉をたべるとき)
「いおう。スイー川のほとりに、ヒツジがでてきた。
ロンシャンとピンプに綿羊がでてきた。
綿羊は、木の葉をたべるのがもっともすき。
四本の足で、囲いをけると、トントンと音がする。」

(イヌの肉をたべるとき)
「もともと、イヌは、きいろい土からできたといわれている。
きいろい土は、心臓になり、体になり、頭になった。
しらない人がみると、イヌがその人をこわがらす。
強盗がやってくるのをきくと、イヌは、強盗を心配させる。」

(魚をたべるとき)
「チンヤンの早瀬に一対の魚がでてきた。
雄の魚と雌の魚は、夫婦になる。
冬には、それぞれ自分のところにすむ。
春がやってくると、おたがいにおっかけあい、おなじ深みにすむ。
チンヤンの早瀬に、魚の夫婦がでてくる。
雄魚と雌魚は、であって、まじわり、対になる。
冬には、それぞれ自分のところにすむ。

春になるまじわり、稚魚をうむ。」

ニワトリ、カモの肉に手をつけるときにも歌を歌い、酒を飲み終えたときも、ご飯を食べるときにも、食事の後の茶を飲むときも、茶を飲み終え手を洗うときも歌を歌います。ただ、このような形式が常にとられるかどうかはわかりません。

たいていの場合、宴会が始まると、よい食べ物がないのに、客をもてなすことを羞じる歌が歌われることがあります。これも主人側と客側の掛け合いになります。

歌13
主人側：
「村の入り口に客がはいるのをみると、
男気をだして、まえにでていき、客をとどめる。
客にであって、ほんとうのこと、つよがりをいうべきではない。
家のなかはまずしく、心のなかはくらく、心配だ。
家には、竈があっても、炭がない。
川には、魚がいても釣り針がない。
肉があるときに、客がやってこないのに、
肉がないときにかぎって、大切な客があそびにくる。
よい料理がないのに客をもてなすのは、はずかしい。
客に一杯のうすい酒をささげよう。」

客側：
「木のおおきな根は、ふかいので、大風がおこるのをおそれない。
川の堤防な丈夫なので、水がおしよせるのをおそれない。
家のなかには、富があり、それでも、あえてつよがりをいっていう。
わざとくるしいような格好をし、まずしいという。
竈のなかには、炭もあり、炎がさかんである。
ニワトリの肉もアヒルの肉も、魚も、肉も、桶にいっぱい。

主人の腕前はいちばんよい。
餅米をつかった酒の香りがつよい。
おまえさんの家にきて、酒をのむのに、すすめはいらない。
三杯のめば、顔があかくなる。」
主人側：
「客がやってきたので、わたしたちは、あわてている。
ただ家のなかにお金が十分でなく、食べ物がすくないので、
一皿のなまぐさ料理も酒の詰としてだせない。
テーブルのうえには、すっぱい白菜のはいったスープがあるだけ。
それでも、おまえさんたちは、いやがってすてないでほしい。
この酒は、かならずのみおわっておくれ。」
客側：
「トンボがどこにとんでいっても、そこはひかっている。
カワウソが、池にいれば、魚は、災いにでくわす。
たくさんの人がやってきて、ほんとうのことでおまえさんを煩わす。
飯をむし、野菜をいためたりするので、家のなかは、香ばしさにみちている。
わたしたちは、酒は十分のんだし、ご飯は、腹一杯たべた。
またまた、酒をそそがれると、うろたえる。」
主人側：
「村の門のまえで、芦笙がプープーとなると、
客がやってくるので、わたしたちは、うれしい。
ただ、家のなかには、よいおかずがないので、
なにも、客をもてなすものがないので、心が不安なのだ。
まるで、千羽のアヒルの鴨が池をともにしているようだ。
まるで、十羽のガチョウが河原をともにしているようだ。
家は、せまいので、おしあいへしあいだ。
それでも、大切なお客さんには、大目にみていただきたい。
一杯のうすい酒をささげるのは、気持ちをあらわすため。
いぶからずに、さっさとのみほしてほしい。」

客側：

「おおきな川は水をたたえ、波は、あらく、

川の堤防をおしなおし、草や木をひっくりかえす。

風がふけば、あっちこっちのく傾斜地がうごく。

鳥がおち、あっちこっちの木がまがる。

不安だなんて、他人行儀はよせ。

わたしたちは、おまえさんの家にやってきて、たいへん迷惑をかけている。

アヒルをころして、ニワトリをころし、いそがしく、食事の準備をするし、

おおきい皿には、魚や肉がまるで山のようにもってある。

酒は、もうのんで、すっかりよっぱらっている。

もう一杯のむのも、むつかしい。」

　宴会が始まると、酒のやりとりが始まります。後輩が先輩に酒を捧げる歌、お祝いの歌、お互いに酒を勧める歌、酒を飲む時の遊びの歌等は、男女に分かれて歌われます。

歌14

女：

「ピアオにいさんよ。

おまえさんにすすめる。この一杯をのみほしなさい。

わたしは、おまえさんが船にさおをさし、砂浜にいくのをおてつだいする。

山をのぼり、山のいただきをこし、あなたについていこう。」

男：

「1つのテーブルには、四隅がある。

きょうの晩、おまえさんとおなじテーブルのところにすわる。

おまえさんは、わたしが、この酒をのむのをたすけておくれ。

手をもちあげ、わたしをひっぱって、あかい川をわたっておくれ。」

女：

「だたこの一杯の粗酒をわたすだけです。

2 本の手でさしあげるので、あなたは、ことわらないでください。
わたしが、野生のモモをつかって、つくった酒を、
のめなくても、おまえさんといっしょにいる。」
男：
「酒がのめない。
酒がのめないので、いっしょにいる気にならない。
日によっては、そういう気持ちになる。
あえるのは、今回かぎりではない。」
女：
「おまえさんは、席について酒をのみなさい。ことわってはだめ。
わたしは、ピアオにいさんに、二杯の酒をのむことをすすめる。
もし、おまえさんが、いやでないなら、
二羽のツバメになって、とんでいきましょう。」
男：
「竹で箸をつくり、杯は、土でやいてつくる。
塩づけの魚も、塩づけの肉も、あじがよい。
おまえさんは、酒がのめない。
おまえさんは、いい酒を一杯のめば、すぐによっぱらってしまう。」
女：
「テーブルについて、杯をかわしてのむ。
そういう気持ちがあって、あいまみえる。
ピアオにいさん、この一杯をのみほしておくれ。
いきているときには、おなじ村にはすめないが、死んだらおなじ墓にはいる。」
男：
「わたしは、酒の飲み方をまだまなんでいない。
ご飯をたべるしかないが、まあ、いっしょにいてほしい。
気持ちは、酒のおいてあるデーブルのうえにはなく、
花がひらくのをまって、ふたたび、乾杯することにある。」

女：
「2つの手で、つつしんで、一杯の酒をささげる。
おまえさんにきくが、いってしまったら、いつかえってくるの。
おまえさんは、ほかのところにある花を、つまないでおくれ。
わたしの家には、一本の梅の木がうえてある。」
男：
「酒をささげ、つつしんでおまえさんに一杯をかえす。
わたしは、おまえさんの家の一本の梅の枝がすきだ。
来年になるのをまち、おまえさんと連絡をとり、
わたしたち2人は、翼をひろげていっしょにとぼう。」
女：
「クチナシは、18本に枝わかれしている。
酒の歌を一つ歌って、宴会をもようしてくれた家に感謝しよう。
この家のいつくしみと、正義が、いつもつづくように。
裏庭のきいろい土が、砂金にかわりますように。」

ここで、その場にいる人は主人の嫁さんに向かってみんなで次のように歌います。

歌15
「8月には、キンモクセイの花がかおる。
初対面のおばさんが、食堂にいる。
もともと、口をひらき、おまえさんにはべり、のみたかった。
でも、おまえさんの突然の反撃もこわい。
一兵卒が、どうして将軍にあたっていけようか。
ヤギが、どうしてトラをさえぎることができようか。
野ブタが、どうしておおきなゾウとくらべられようか。
キジが、どうして鳳凰とくらべられようか。
あれた畑が、どうして水をとめておけようか。
渓流が、どうしておおきな川とくらべられようか。

提灯が、どうして、電灯とくらべられようか。
星が、どうしてあかるい月とくらべられようか。
ほそい草が、どうしておおきな木とくらべられようか。
モロコシが、どうしてモチゴメと香りをくらべることができるか。
ちいさなヘビは、どうしてニシキヘビとくらべられようか。
ヤマモモは、どうして蜂蜜とくらべられようか。
おばさんは、まるで諸葛亮のようによい。
はかりごとでは、小周郎にまさる。
おばさん、この杯の酒をのみほしておくれ。
酒をのんで遊ぶときの歌は、食堂にみちる。」

結論：現代化の過程における少数民族文化

　民族の発展は民族社会の発展でもあります。現在の東アジア地域の少数民族の社会発展と中国の少数民族の社会発展は社会変動のプロセスです。社会変動のプロセスは適切な民族文化の保存と他の民族文化の吸収、収斂を伴いながら民族社会のより充実した発展の基礎の上に初めて、比較的良好かつ速やかに実現するものです。

　良好な社会変動のプロセスが経験することになる陣痛は相対的に少なく、また必要とする時間も相対的に短いといえます。しかしながらこうした良好な社会変動が必要とするところの基本的な前提条件はいくぶん複雑です。それは政治・経済・文化・社会各方面の条件を包括するからです。

　社会変動は社会の様々な要素の制約を受けます。第一に、時代の全体的な環境と周囲の社会環境からの影響を受けます。今や冷戦状態が終結し、いずれもが平和な環境において発展を遂げるために努力しています。東アジア地域は驚くべき速さで発展を遂げており、中国では全面的な改革、開放のもと、全国的に迅速に発展しています。これらはすべて中国の少数民族の社会発展に良好な社会的・時代的環境です。第二に、国家政策という要素の影響を受けています。

政策は一種の環境でもあり一種の資源でもあります。少数民族社会の発展にとって有利な、優遇的かつ特殊融通性のある政策を採用することにより、少数民族の社会発展を助けているといえるでしょう。第三に、ある具体的な民族の生活空間と居住形式・居住状態の民族社会の発展に対する影響です。例えば、農業区、牧畜業区、都市工業区、民族集居地区、雑居地区、散居地区という異なる条件はわが国の少数民族の社会発展に異なる影響を生み出しています。

　民族文化の変遷は民族社会の発展にどう作用するでしょうか。それぞれの民族はすべて、文化交流や融合を含む他の民族との交流のプロセスにおいて発展するのです。

　それぞれの民族の発展はどれも一定の文化的背景を有しています。民族文化の背景は民族の発展に対して、促進させる作用を生み出したり、消極的な作用を生み出したりします。こうした民族文化の背景は、実際には過去の民族間の文化交流や融合の要素が結晶した結果でもあります。今日の民族の発展はこうした民族文化を背景としてはいるものの、しかし、他の民族文化の影響を完全に防ぐことはできません。このため、結局は元来の民族文化を中心とし、他の民族文化を吸収して新たな民族文化の背景の一部分とするよりほかにはないのです。

　民族文化の変遷と民族文化の真の発展は、これまで自民族の特徴を保持し他民族の文化を吸収することの基礎のうえに実現してきました。他民族の文化の優れた部分を吸収し、自民族の文化の精髄の部分を保持しながら、吸収したものを消化し、さらにその二者が融合することで、自民族の文化の新たな構成要素へと変化していきます。このことがまさしく民族文化の変遷のプロセスなのです。民族文化の変遷は、民族社会の発展に重大な作用を及ぼしています。東アジア地域の**少数民族全体や中国の少数民族にとってもまた同様のことがいえるのです。**

　侗族は文字を持たない民族なので、その民族文化を伝承し、次世代を教育してゆくという問題は、主に口承によって行われてきました。歌唱手段を用いたほうが言語手段を用いるよりもはるかに印象的であり、音楽形式の教授学習を通して行われる教育は、青年にとっても最適の手段であると思われます。このため、**侗族の琵琶演奏家兼歌手たちはよく人生哲学や処世訓を題材にして琵琶歌を作り、青年が青春を大切にし、生活を愛し、熱心に労働するように教育的**

内容を歌いあげています。この種の伝統文化の継承方法は、ずいぶん古くから行われてきました。

侗族地域ではこうした民衆の歌の口承が広く行われています。文字のなかった時代には、琵琶歌は伝統的な文化を記憶し、保存する働きをしていました。口承の侗族琵琶歌は外来語に頼ることが少なく、侗族の人々の生活を自然に表現できるため教育と娯楽という両方の働きをしてきたのです。内容がすでに時代遅れになってしまった琵琶歌も存在しますが、社会環境と生活様式がほとんど変わっていないため、依然として侗族の人々にとっては親しみやすい文芸形式の1つです。口承の方法は伝統文化の伝承ばかりではなく、新しい生活の描写および政府の政策を伝達したり科学技術を普及させたりするうえでも、大きな役割を果しています。侗族琵琶歌はこれからもこのような機能を持ち続けるでしょう。

侗族琵琶歌は現在見られる経済発展の流れの中にあっても、時間の試練に耐えて生き続けるであろうと思われます。経済の発展によって滅んでしまったものもありますが、本当に優れた伝統文化は依然生命力を保ち続けていることを感じさせられます。急速な経済発展の流れの中における伝統文化一般の行方をも示してくれるのではないかと考えられます。

要約

中国侗族琵琶歌の研究は1958年に趙洪滔が湖南省通道侗族自治県の音楽について調査したことに端を発する。1979年以降には侗族の音楽についての書物や楽譜が出版されるようになった。1984年中国芸術研究院音楽研究所編の『中国音楽詞典』の中でも侗族琵琶の紹介がある。1985年6月に貴州人民出版社から出版された『貴州侗族音楽』は貴州省侗族音楽のジャンルを紹介し、侗族大歌と?族琵琶歌を紹介している。この中の62曲は通道侗族自治県のものである。そして『中国少数民族芸術詞典』『貴州少数民族楽器100種』『貴州音楽文集』『侗族通覧』などの中では侗族琵琶歌の写真も載せられている。

1987年、広西壮族自治区三江侗族自治県により編集出版された『侗族琵琶歌』には歌詞だけが収録されている。1997年7月貴州民族出版社から出版され

た張勇編集の『侗族曲芸音楽』は、初めての侗族琵琶歌に関する本である。中国には56の民族があり、少数民族文化の研究はこれからさらに幅広く行われることであろう。

　侗族琵琶歌は口伝えで伝承された音楽である。1988年頃、私は中国音楽学院音楽学科の学生として侗族地区に行き、侗族琵琶歌のフィールドワークを行った。フィールドワークを行う際には音楽学の研究方法を用い、侗族琵琶歌に対して、総合的な考察を試みた。すなわち、いくつかの琵琶歌の音楽だけを分析するだけではなく、琵琶歌が侗族の人々の生活の中で、どのような社会的機能を果たしているかということを重視しながら調査した。私の侗族琵琶歌の研究は、単に琵琶歌の研究ではなく、侗族の文化を研究し、侗族琵琶歌が侗族の人々の文化生活の中でどのような役割を果たしてきたかを明らかにすることを目的とする。

　1997年の夏休みを利用して、私は1か月間、侗族南部方言区でフィールドワークを行い、特に琵琶歌を中心に調査して、侗族南部方言区の文化生活について考察した。1998年の夏に私は湖南省通道侗族自治県で調査を行った。30年前、私はこの県で3年間生活したが、その時の記憶を生かし、また、日本で勉強した研究方法を用い、侗族文化を全面的に調査し、琵琶歌の歌い手を訪ね、侗族の村で生活を体験した。

　「薩歳」は、侗族の人々の祖母神として崇められてきた神である。1946年、通道侗族自治県坪坦郷高歩村で薩歳を迎える儀式が行われた。歌はまず先に薩歳の歌を歌い、神を招く時は先に薩歳道祖神を招く。薩歳文化は侗族文化全体の重要な要素であり、大きな特徴でもある。薩歳文化は侗族の原始社会である母系氏族の時代に現れた。1949年以降に生まれた侗族は薩歳文化にかなり疎くなっている。

　鼓楼は侗族村落の象徴であり、侗族独特の建築である。鼓楼の中では対歌（一問一答で歌を歌う）をし、親しく話し、鼓楼で侗劇を演じる。また、琵琶歌が歌われれば、その村の老若男女や他村の民衆がやって来て見たり聞いたりする。老人は鼓楼で侗族の歌を教え、琵琶を教える。青年は鼓楼で歌を歌い、琵琶を弾く。子供は鼓楼で歌を学び琵琶を弾くのである。鼓楼ではまた侗族の

祖先および侗族の祭祀の相談をする。要するに、侗族鼓楼は侗族の政治、経済、文化すべての文化活動の中心なのである。鼓楼は侗族の経済活動や文化活動の拠点である。それは侗族社会の発展と進歩を促した。鼓楼文化は侗族の生産を組織化させ、侗族地区の経済を大きく発展させてきた。侗族伝統の鼓楼文化は民衆の生活に大量の新しい内容を加えることになった。ある地方の鼓楼は図書館になり、侗族地区の文化生活を活性化した。

　侗族の男女は誰でも比較的歌がうまく、歌を歌えることを光栄と思い、そして歌の特に上手な人は「歌師」として多くの人の尊敬を受ける。年長の者が歌を教え、若い者は歌を歌い、そのような環境の中で小さい子供は自然に歌を学ぶのである。侗族の社会的なしきたりに応じた名字によって、または住んでいる村によって分かれて、歌のグループを作る。

　侗族の歌は、おだやかで格調の高いメロディーを持っている。中国音楽界では侗族民間の多声部合唱曲を「侗族大歌」と言う。地域で分けると、侗族大歌は「六洞大歌」と「九洞大歌」に分けることができる。この種類の大歌は侗族の村が「月也」（「会耶」と書く人もいる）の時、地元歌班と来客歌班両方が鼓楼で男女に分かれて交互に歌う歌である。内容は愛情の歌を主とする。この種類の歌は数が少なく、子どもが遊ぶ時に歌うものである。大歌と小歌を比べると、いくつかの特徴が見られる。大歌は歌の歌班で歌うのに対し、小歌は一人か二人で歌う。大歌は、お祭りや鼓楼と花橋の落成式、あるいは、村と村の「月也」の時に、鼓楼などの場所で厳かに歌われるもので、小歌は、山の上か、川岸、月堂などのあるところ、時間と場所にこだわりなく、どこでも歌えるものである。

　侗族の人々は客好きで、人と人、家と家同士が友人となるだけでなく、村と村も友情を結ぶ。もし礼俗大歌が歌えなければ村には入れないことになる。鼓楼の中と外は歌を聴く人でいっぱいになる。この時、大歌を歌うことが出会いの儀式の頂点となる。対歌が始まると地元の歌班は「迎客歌」を歌い、客の歌班は「讃歌」を歌う。「相会の歌」から「相愛の歌」、さらに「相恨の歌」、「約逃げの歌」まで歌う。木葉歌は木の葉で演奏される。木葉歌は侗族の南北部の各地で流行している。歌は侗族の生活にとって不可欠のものである、親が歌を教え、青年は歌を歌い、子供達は歌を学ぶということが侗族の暮らしの習わし

である。侗族民は体面を重んじる。村の青年男女が歌う歌の内容を豊富にするためさまざまなメロディーがあり、歌の形式や種類も多様である。彼らの村では、これらの侗族の歌は歌師から青年に伝授される。

　侗族琵琶歌には、教育機能と関係した歌が非常に多い。1980年全国統一教材の使用が始まって以来、学校の音楽の授業では?族の歌はほとんど歌われなくなった。侗族の人は子供の時から歌を学ぶ習慣があるが、学校に入ってから、漢民族やほかの民族の歌を教えられ、侗族の歌を学ぶことができなくなる。そのため、学校をやめることすらある。

　どうして学校をやめるまでして歌を学ぶのか。私見によると、民族の歌を学べば隣村の青年達との対歌に行くことができる。上手に歌を歌えるほど、また歌える歌が多いほど、その後求婚者も当然多くなるはずである。そのことは侗族の生活では学校に行くことに勝るほどの大きな意義を持っている。侗族琵琶歌は、侗族民族（青年男女）の恋愛生活上の交流過程においてこそ機能するのであって、その文化以外の者がそれらを体験することはできない。琵琶歌の芸術的魅力を鮮明に物語っているだけではなく、侗族琵琶歌が男女交際において果たす役割をもよく示している。また、青年男女は恋愛の時に限らず、求婚・媒酌・吉日選び・嫁取りのときも琵琶歌を歌うのである。玄関に入ってから、歌手に求婚の歌を歌ってもらう。そうすると、主人（女の子の父親）はそれに答えて歌を歌わなければならない。婚約すると、また祝い歌を歌う。

　侗族琵琶歌は、民衆の知恵と創造の結晶であるのみならず、同時に民衆が享受し利用できる賜物である。精神生活の需要を満たすため、人民は生産と生活の実践の中から娯楽となる侗族琵琶歌を生み出した。現在、侗族地区の交通は多いに発展し、テレビも珍しいものではなくなったが、侗族人民は相変わらず自分たちの伝統である侗族琵琶歌を愛好している。侗族人民は、琵琶歌に特別な感情をもっており、歌を耳にしたとたん琵琶歌手が村の近くにやって来たことがわかる。侗族人民は、侗族琵琶歌を聴くことを、最高の芸術の享受とみなしているのである。

　侗族琵琶歌の娯楽としての機能は、侗族民衆の生産生活活動においてもっとも顕著である。これらの内容には、侗族人が琵琶歌を歌い、芦笙を吹く様子が

生き生きと描写されている。侗族には生産活動の歌が多い。山に登って木を伐採する時の歌、川に筏を流す時の歌、娘が嫁ぐ時の歌、葬儀の時に歌われる歌、酒席で歌われる歌などがある。1つは主人と客、あるいは青年男女間で歌うデュエット形式である。この2種類の歌は酒席でよく歌われる。侗族の客をもてなす酒席は歌で始まる。茶碗を渡されると客は必ず歌で感謝の意を表す。歌を歌って敗北を認めると改めて並べられる。

　侗族の伝統文化の1つを成す侗族琵琶歌において、その組織と規制の機能も非常に顕著で重要な要素である。そこで、歌を用いて仕事を進展させ、琵琶歌〈李和清苦情歌〉を作って、中央政府から派遣されたどの工作員も皆この琵琶歌を学ばせた。侗族琵琶歌には侗款がある。「款約」とは侗語では、法律条款、侗族の民族法典の意味を持つ。侗族琵琶歌が、この点に関して働く機能は最も大きい。これは、侗族琵琶歌の流布の過程においても見いだすことができる。侗族琵琶歌は数千行にも及びいく晩もかけて歌う。侗族琵琶歌という芸術形式を持って、侗族人民はその豊富な文化遺産を蓄積してきたといえよう。

　侗族地域では民歌の口承が広く行われている。口承の侗族琵琶歌は外来語に頼ることが少なく、侗族人の生活を自然に表現できるので、教育と娯楽という両方の働きをしてきた。侗族の人にとっては親しみやすい文芸形式の1つである。侗族琵琶歌はこれからもこのような機能をもち続けるであろう。

　侗族琵琶歌は侗族の民間音楽文化の全体においてとりわけ社会性の高いものである。侗族地域では歌を教え、伝えるのは昔からの習慣である。侗族琵琶歌は昔から口承によって伝わってきたのである。侗族の人々の文化・信仰・法律・倫理・生産知識及び生活知識はほとんどは琵琶歌によって伝えられてきた。侗族の人にも大学へ行った人がおり、学者になった人もおり、彼らによって現在、『侗族文学史』や『侗族琵琶歌』なども出版され、全部漢語になっているが、琵琶歌の叙事歌と款約歌などが歌われたとき、歌詞が正確なのか、または歌い方が正しいかについては、十分検証されてはいない。

　文字を持たない侗族は自民族の歴史と民族誌を音楽（琵琶歌）で伝えている。現在出版されている『侗族簡史』『侗族文学史』『侗族民間文学史』『侗族史詩――起源之歌』『侗族大歌琵琶歌』等は全部漢文である。しかし、現在、村

で伝えられている民族史と民族誌はすべて口伝によるもので、実際の伝承においては侗族琵琶歌手は大きな役割を果たしている。

　侗族の人々は人生儀礼では琵琶歌を伴っているものが多い。道塞ぎ歌「盛路歌」は多彩な民間歌謡の中でも独自の特色を持っており、さまざまなところで歌われる。双方が「盛路歌」と「開路歌」をやり取りする。村では生活用品や労働で用いるさまざまな用具でバリケードを作り、それを隔てて主人と客双方が歌を歌い合う。来訪者側が歌で返答すると、地元の村側は退いていく。来客が帰る時になると、村の娘達は再びグループになって村の入り口まで「盛路歌」を歌って客を引き留める。相手が歌ったら自分も1曲歌う。歌は自由に選べるが、繰り返し同じ歌を歌うことはできない。「盛路歌」はすでに侗語だけでなく中国語の歌もあり、趣のある1つのまとまった「民謡」として発展した。

あとがき

　本書は、1999年12月に大阪大学大学院文学研究科芸術学専攻に提出した博士論文に加筆・修正を加えたものである。私は幼少の頃に3年間、侗族の村で生活したことをきっかけとして、その後中国の大学入学後に侗族の音楽文化・社会生活の研究に取り組みはじめ、現在なお、侗族研究に関わっている。一方で2000年以降は中国の少数民族である羌族、土族、チベット族、瑤族などが居住する地域にもフィールドワークに赴き、音楽学という観点からさらに民族研究を深める課題に取り組んでいる。2001年10月からは日本の大学で教鞭を執る機会に恵まれ、中国少数民族の音楽文化論、生活社会論などの授業を担当している。

　日本に留学してから現在に至るまで、実に多くの先生方また友人のお世話になった。なかでも博士課程の指導教官であった山口修先生（現在大阪大学名誉教授）、修士課程の指導教官足立美比古先生（現在東北大学教授）、また研究生時の指導教官であった東川清一先生（現在東京学芸大学名誉教授）にはそれぞれ格別のご指導を賜ったばかりでなく、本書の出版にあたっても数々の貴重なご助言をいただいた。ここに心からの謝意を表したい。

　本書に収められた博士論文をはじめとする数々の研究課題は、これまでに（財）アサヒビール芸術文化財団、（財）富士ゼロックス小林節太郎記念基金、（財）日本科学協会笹川科学研究奨励助成金、（財）上廣倫理財団および懐徳堂記念会からの研究助成金を受けたことによる成果であり、（財）アサヒビール芸術文化財団、ヒロセ国際奨学金財団、（財）大阪国際交流財団からも温かいご支援をいただいた。このようなご支援・ご援助がなかったなら、海外でのフィールドワークは不可能であり、本書の刊行も到底叶わなかったことであろう。この場を借りて心からの感謝を申しあげたい。

最後に、本書の出版実現のためにご尽力下さった原正幸先生（広島大学教授)、および出版を快諾して頂いた大学教育出版の佐藤守氏に厚く御礼申しあげます。

2005年7月16日

薛　羅軍（Xue luojun）

〈付記〉
本書に所収されている論考の初出は以下のとおりである。
(1)「侗族の琵琶歌—中国湖南省通道侗族自治県の場合—」『東洋音楽研究』1998年8月
(2)「現代社会中の少数民族教育—侗族の場合—」『大阪千代田短期大学紀要第28号』2000年3月
(3)「侗族琵琶歌がはたす文化化の機能」『上廣倫理財団第10回研究助成報告論文集』2000年7月
(4)「文化交流の現場としての侗族の琵琶歌」『日本リズム協会年報』2001年3月
(5)「侗族琵琶歌の歴史と現在」『第6回在日中国人留学成果論文集』2001年12月
(6)「中国の少数民族・侗族の音楽——音楽の分類と侗族歌師の社会的地位について——」『文化科学研究』中京大学文化科学研究所　2002年12月
(7)「中国の少数民族・侗族の祖母神」『文化科学研究』中京大学文化科学研究所　2003年1月
(8)「中国少数民族侗族の生活と音楽」『アジア遊学』勉誠社　2004年5月
(9)「侗族の鼓楼文化と侗族大歌」『アジア民族文化研究』アジア民族文化学会　2005年3月

付　録

A　麦寨村の調査記録

　　侗族の女性は侗族文化の重要な保存者である。彼女たちの多くは一生を侗族地区で生活して、故郷を離れたこともないままでいる。子どもの時から、歌を勉強して、8〜9歳の頃にはいろいろな歌を歌えるようになる。12〜13歳以前にたくさんの情歌も覚える。そして、歌場で対歌し、恋人を探し、結婚し、子どもを育て、自分の歌える歌を子供に教える。このようにして代々相伝し、侗族文化を守ってきたのである。

　　1997年8月17日私は貴陽市を離れて、榕江県へ行った。午前10時貴陽からまず汽車に乗って、約4時間で黔東南苗族侗族自治州の州都凱里市に到着し、少々休息し、食事をした後、午後2時30分に凱里から榕江県に向かってバスに乗った。普段は4時間半で行くが、今回はバス故障のため、夜10時30分になってようやく榕江県に到着。私は県政府の招待所（中国の「県」は日本の「市」に相当する。招待所は県政府が経営する宿泊場である。）で泊った。ここは県中で一番良い宿泊場所だと聞いた。しかし、この部屋はベッドしかない部屋であった。また、この辺は泥棒も多いらしく、夜寝る時必ず窓をしめなければならないと聞いた。8月の貴陽は蒸し暑いがしかたがない。私が持っている調査用の機器類は全部人々が欲しがるものだからである。

　　次の日の朝、私は県の文化局へ行った。今回の案内者兼通訳者は楊俊氏という侗族の方で、県文化局弁公室副主任である。1963年生まれの楊俊氏は1996年自費で上海戯劇学院（中国の名門大学である）に入学、半年間勉強した。楊氏は侗語と漢語ができ、小説を書くため、よく村へ行って、村の人々もよく楊氏のことを知っている。通訳ガイドとしては最適任である。

　　8月18日午前10時20分に榕江県城からバスで20分離れた麦寨村に到着した。麦寨村は交通が便利で、若者たちはよく貴陽やほかの都市へ行って働く。麦寨村の琵琶歌は大変人気がある（現在観光目的の「民族村」へよく麦寨村の人が、琵琶歌手として働きに行っている）。若い人々の都会への流出も多い。村に残るのは、やはり大部分は若い女性で、農業をしたり、伝統文化を守ったりしている。

　　人口3,000人あまりの麦寨村は川の側の大きな村で、村の中と川の側には大きな古榕樹がある。これは麦寨村の人々が自慢とするところである。子供たちは柴を刈って帰り、この川で水遊びをしたり、泳いだりする。また、牛の放牧の帰りにも牛と一緒に川の中で泳ぐ。一本の小橋が川にかかっているが、子供たちはよくこの橋の上から飛び込んで、喜んで遊んでいる。

　　私と楊俊氏は10時20分頃この村に到着し、村の中を見て回ったり、写真やビデオを撮影したりした。12時頃、私たちは麦寨村共産党の支部長石燦忠氏の家を訪ねた。1945年生まれの石燦忠氏は1962年に1944年生まれの楊金妹さんと結婚した。4人の娘と1人の息子を育て、現在娘は全員結婚し、息子夫婦と一緒に生活している。石燦忠氏は琵琶が好きで、自分でも弾き語りができる。彼によると、現在麦寨村の40歳以

上の人はおおむね皆琵琶歌が大好きで、琵琶歌を聞くと悩みも全部忘れて、ストレスも解消できるそうだ。しかし、若者たちは流行歌が好きで、カセットテープを買って、それを聞いているということだった。

　石燦忠氏は共産党の支部長でありながら、侗族であるため、彼の考え方には少々矛盾した面もある。彼は共産党の支部長として、1976年から琵琶歌を止めよと提唱している。彼の言うところによると、琵琶歌を歌って、恋人を作ったら、若者は学校での勉強がおろそかになる。本来よく勉強する子も勉強が嫌いになり、成績も落ちる。彼のその考え方は漢民族の影響を受けたものと考えられる。また彼は、学校でよく勉強して、将来大学や、専門学校に入ると、卒業後都会で働くことができる。もし学校での成績が悪ければ、一生侗寨で生活して、畑の仕事をしなければならない。と言うのである。

　中国の人口は現在13億人で、この中の80％くらいは農民である。中国では戸籍制度があり、農村の戸籍は簡単に都会へ移動できない。農村の人々が戸籍を都会へ移動しようと思えば、専門学校か、大学に入学して、卒業後都会で仕事をする必要がある。

　一般に侗族の人々は中国語ができる人を教養が高いと考えている。多分そうした考えに基づいて、石燦忠氏は琵琶歌に反対し、特に早い時期の恋愛を止めよと主張しておられるのであろう。

湖南省通道侗族自治県独坂郷の石光山（1939年生まれ）の琵琶歌　1997年9月1日撮影

　しかし、侗族としての石燦忠氏は自分の民族の琵琶歌を自慢にも思っている。彼が言うには、現在多くの都会の観光目的の「民族村」へよく侗族の琵琶歌手が誘われて働きに行くそうだ。

　石燦忠氏と楊金妹さんは自由恋愛で結婚した。当時彼らは互いに歌が好きで、石燦忠氏と楊金妹さんは対歌で知り合った。その後、石燦忠氏は毎晩琵琶を持って、楊金妹さんの家に遊びに行き、互いに愛慕する中で、結婚するという考えも芽生えてきた。そこで、石燦忠氏は叔母に仲人を頼み、楊金妹さんの家を訪問して媒酌の労をとってもらった。石燦忠氏と楊金妹さんは互いにの状況を了解しているが、仲人も形式だけではなく、楊金妹さんのことについてもっと詳細に了解するよう努める。性格はどうか、よく働くか、女性としての仕事である刺繍は上手か、兄弟は何人いるか、これらを全部仲人は了解する。

　侗族の場合、昔、女性は兄弟が多いのは自慢である。兄弟が多いということは将来

親戚も多くなるということで、このような女性と結婚するのは、自分でも嬉しいことである。昔、女性に兄弟が少ない場合、特に一人っ子の女性は、結婚の相手を探すのは難しかった。また、他の省から転居してきた人も結婚の相手を探すのは難しい。

石燦忠氏と楊金妹さんは1962年に結婚したが、すぐ一緒には生活しなかった。楊金妹さんは二、三回石燦忠氏の家に来たことがあったが、普段は実家で生活していた。石燦忠氏の両親は年配で、家に労働力が少ないため、楊金妹さんは1963年初め頃から石燦忠氏の家に住むようになった。その頃、一般には女性は結婚しても3～5年は実家に住むことになっていた。石燦忠氏の場合は特別である。

現在でも石燦忠氏は当時歌った歌を覚えている。私の要求に応じて彼は自分で琵琶歌を弾いて1曲歌ってくれた。「今夜、私はわざわざあなたと歌遊びに来たぞ」これは石燦忠氏がよく歌った歌である。側にいる楊金妹さんは笑って聞きながら、「恥ずかしい」と言う。石燦忠氏は「あなたは恥ずかしくても薛さんは聞きたいでしょう」と笑って答えた。

それらを聞いていると、石燦忠氏はやはり自民族の琵琶歌が大好きなのである。共産党の支部長としては琵琶歌を止めよと言っているのだが、本当は琵琶歌よりも「早恋早婚」をやめよと言いたいのかもしれない。

しばらくして、3人の若い女性が琵琶と牛腿琴を持って石燦忠氏の家に来た。一人は呉吉霆さん、1975年生まれ、既婚、一人娘の母親。16歳から琵琶歌を勉強し夫と自由恋愛をした時、互いに侗族琵琶歌を歌った後、夫から仲人をお願いして、呉さんが18歳の時（1993年）に結婚した。現在娘さんは3歳になった。普段は畑仕事や、家事をし、現在は義父母と一緒に生活を送っている。

二人目の石吉桃さんは、1977年生まれ、実家は麦寨村である。1年前に結婚した。まだ子供はいない。侗族の人々は結婚すると、一般に実家で生活する。女性は田植えや稲刈り、正月や祭り、まだその他の有事の時に呼ばれて夫の家に泊まり、翌日か数日後（奇数、偶数はだめ）にまた実家に戻る。娘は身ごもってから、夫の家に住みつくようになる。これを「不落夫家」または「坐家」と呼んでいる。この習慣は昔からあった。昔の侗族の人々の結婚は早く、15～16歳女性で結婚した。しかし、15～16歳の女性はまだ家事全般ができないので、同時に実家でも手伝いをすることが必要である。実家の母親からいろいろなことを学ぶのが大人になるまでの大切な過程である。一般に、3年から5年くらいの期間、実家にいることになる。石吉桃さんは1年前に結婚して、まだ子供がいないので実家にいる。

現在は以前より早めに女性も夫と一緒に生活するようになった。石燦忠氏の年代は現在より厳しかったが、石燦忠氏の場合は実家の特別の事情もあったためであろう。

侗族の人々は結婚後も、歌遊びに行く。以前夫婦一緒に生活しない時期が長かった頃には、歌遊びに行くことで、それぞれ新しい恋人ができることもある。そうなるともは

貴州省榕江県麦寨村石勝嬌（1975年生まれ、已婚、娘1人）と呉廷霆、石吉桃、呉廷義の琵琶歌。1997年8月18日撮影

呉吉霆（1975年生まれ、已婚、娘1人）石吉桃（1977年生まれ、已婚、まだ子供はいない）呉廷義（1978年生まれ、未婚、呉吉霆の妹）の琵琶歌 1997年8月18日撮影

や離婚以外に道はない。しかし侗族の人々にとって離婚は恥ずかしいことではない。これは自然なことである。しかし、現在では「坐家」の期間はそれほど長くなくなった。

　もう一人は呉廷義さん、1978年生まれ、まだ独身である。現在彼女の家には毎晩たくさんの若い男性が歌遊びに来る。呉廷義さんは自分でも琵琶を弾いたり、歌ったりする。呉廷義さんの衣服の色は白色で、呉吉霆さん、石吉桃さんの衣服とは色が異なる。呉吉霆さん、石吉桃さんの衣服の色は藍色である。石燦忠氏の説明によれば、未婚の女性は白色の衣服を身につけるそうだ。結婚した女性は家事が多く、白色ではすぐに汚くなるからである。また、未婚の女性は白い紙の様にきれいだという表現でもある。

3人で次の5曲を歌った。

① 〈友達になると心を合せる〉（伝統の歌）
② 〈高い鼓楼、立派な鼓楼〉（新歌）
③ 〈酒歌〉（伝統の歌）
④ 〈祝酒歌〉（伝統の歌）
⑤ 〈情歌〉　　（伝統の歌）

　呉吉霆さんは呉廷義さんの姉である。その後、もう一人、石勝嬌さんも来た。石勝嬌さん1975年生まれ、既婚、一人娘の母親。1997年3月から6月まで、山東省済南市で侗族琵琶歌手として3ヶ月働いた。石勝嬌さんは3人に歌を教える人で、中国語での話しはほかの3人よりうまく、歌詞も侗語、中国語両方で歌える。自分もよく琵琶を弾いて歌う。

　石勝嬌さんを加えて、四人で斉唱や、対唱を行っていると、村の人々もやって来た。この時まだ午後2時頃であった。侗族の人々は午前中畑仕事をし、12時から午後3時まで昼休みをとる。この時間帯の太陽は強くて、畑仕事は辛いからである。3時半

から7時半、8時頃までまた畑仕事をする。

私は次の質問をしてみた。「もし仮に、私が歌を歌えなかったとして、私は結婚できますか。」皆は笑った。石燦忠氏の答えは「やはり感情が第一ですよ、もし互いに好きになったら、歌ができなくても結婚できるよ」。

石勝嬌さんの結婚は自由恋愛ではなく両親が決めた。夫は琵琶もできないし、歌も歌わない。石勝嬌さんの夫は同じ村の人である。呉吉霆さんの夫も同村の人である。琵琶はできず、歌も歌わない。石吉桃さんは麦寨村から3km離れた村の男性と結婚した。この4人は子供の頃から、ずっと一緒に歌っており、石勝嬌さんはこの四人のリーダーである。

麦寨村は県城から遠くない場所にある。現在の若者たちは、以前より大胆になっている。男女が互いに好きになったら、一緒に県城で映画を見たり、カラオケに行ったりしている。昔（20年くらい前）はそんなに大胆なことはできなかった。一部分の青年男女はまだ琵琶を弾いたり、琵琶歌を歌ったりしている。石勝嬌さんの様に村を離れ、外の世界を知った若者が、故郷の村に帰って新しい文化をもたらすという侗族における文化変容のパターンの一端を見た思いがした。しかし侗族の伝統は若い世代に確実に伝えられていくはずである。侗族の伝統は外来の影響も受けるが、速い変化はできないと思われる。

石燦忠氏は共産党の支部長として「琵琶歌はやめよ」と提唱したが侗族人としての石燦忠氏は心底ではやはり侗族の伝統を守りたいのである。

B 小黄村の調査経過

1999年8月27日に私は貴州省従江県高増郷小黄村を訪れた。この地域の交通は大変不便である。朝、従江県文化局長の陳秋平氏（女性）に紹介された、県文工団の梁正英（侗族、女性、一児の母）とお会いし、共に行く。今日の通訳ガイドである。梁正英氏は現在文工団に所属し、歌と舞踊を行っている。県政府の職員で侗族である夫、5歳になる長男と、夫の両親と一緒に県の近郊に住んでいる。

陳秋平氏のおかげで一台のトラックに乗車でき、山道を行くこと3時間くらいで小黄村に到着した。小黄村で一番有名な音楽は侗族大歌で小黄村の侗族大歌は大琵琶の伴奏がある。このことについては、私はかなり以前から紹介の文章を読んで知っていたが、実際の調査は今回が初めてである。私とほとんど同時に、ちょうど県計画生育担当者も小黄村に到着した。中国は一人っ子政策をとるが少数民族は例外なので、侗族は2人まで生むことができる。しかし、子供がほしい侗族の人々は、一般的に3、4人の子供を持っている。県計画成生育弁公室の担当者が罰金を取るため小黄村を訪れたこともあり、小黄村の人々は最初、私も計画生育弁公室の担当者だと考え、大変冷たい対応であった。その後、そうではないことがわかったので私が一人で村人

を訪れるようになっても、村人たちは本当に親切にしてくれた。琵琶を弾く人を紹介してもらい、私はこの方の家を訪ねて、非常に愉快な調査を行うことができた。

　この人は潘老帰といい、1972年生まれ、4人兄弟。彼は次男で半年前に結婚している。奥さんとの出会いは琵琶歌である。しかし、結婚してからは、潘さんと奥さんとの間で琵琶歌を歌うことはなくなったそうだ。潘さんはよくほかの女性のために琵琶歌を歌う。

　まず私は潘老帰氏に私の目的が琵琶歌の調査であることを説明した。その後、彼は1曲弾き歌いをしたが、その後「まずい、まずい」と言う。相手の女性がいないという意味である。私が彼の奥さんを指すと、彼は「だめです、彼女と一緒に歌ってもおもしろくない」と言う。奥さんもニコニコ笑って、何も言わなかった、すると、彼は突然家を飛び出した。「どうしたのですか」と私が聞くと、通訳の梁正英氏は「相手を探しに行きました」と言う。5、6分間の後、彼は1人の若い女性を連れて帰ってきた。この女性は呉培三と言い、1981年生まれ、独身である。潘老帰氏は琵琶を弾いて、呉培三氏とともに次の3曲を歌った。曲名は

1 〈残念でした、あなたは結婚したのですね。〉
2 〈この世の中で一番愛している人よ。〉
3 〈彼女と離婚せよ、私と結婚してくれ。〉

　この3曲を歌っているあいだ、奥さんはそばで静かに笑顔で聞いていた。私は彼らの歌を聞き、大変驚いた。新婚なのにこのような内容の歌を歌うのである。まったく信じられない気持ちであった。私は奥さんに聞いた。「大丈夫ですか、彼はあなたの前で別の女性にこんな歌を歌っているのですよ」。奥さんがまだ答えない先に、夫が「平気、平気よ」と答える。私は夫に対して「じゃ、私はあなたの奥様と情歌を歌いますよ」と言った。すると奥さんはこの時静かに「やりましょうか」と言うのである。皆で大いに笑った。

　侗族の人々の恋愛は自由だが、結婚は不自由である。昔、多くの人々は自分が愛している人と結婚できなかった。琵琶歌手は愛している人と結ばれない辛さを歌った多数の情歌を作り、皆で歌う。彼らの考え方は特別のものであり、そのようなことは侗族以外の人は理解できないかもしれない。

　侗族の若者たちは、昔はもし男女双方で互いに愛し合っていて、双方とも結婚したいと思っていても、一方の親が反対すれば、結婚はできなかった。また、女性は必ず従兄弟と結婚する。従兄弟が他の女性と結婚したり、従兄弟がその女性と結婚したくない場合は、従兄弟の親にお礼の物を渡して、従兄弟の親も認めて、その女性は自由に恋愛相手と結婚してもよい。女性が必ず従兄弟と結婚する習慣は随分古くからあり、「女還舅門」と言う。

　昔は、男女双方が互いに愛し合っていて、家族が反対する場合には、2人で「私奔」

の手段をとったという（私奔とは、家族や親戚が結婚に反対した場合、2人で家族たちの知らない地方に行って生活するもので、子供が生まれたら、実家に帰る場合もあるし、帰らない場合もある。駆け落ちである）。有名な琵琶歌「珠良娘美」はこの「私奔」の物語である。しかし、現在は「私奔」に走ることはほとんど見られない。現在は政府により制定された「婚姻法」の中で「恋愛の自由」が規定されており、親がもし反対しても、政府の役人たちは2人を支持する。従って若者たちは昔より大変幸福になっているといえよう。

　侗族における恋愛の自由の習慣は大昔から伝わるところである。若者たちはよく言葉で冗談を言う。「君が好きだよ」「私と結婚しないか」。しかし、そう言う人は半分以上は本気ではなく、あくまで冗談である。侗族では恋愛はこのように自由だが、婚姻は自主的には行えない。1950年代以前には従兄弟との結婚が50％を占めていた。現在でも農村地域ではまだ従兄弟との結婚が20％を占めている。青年男女の性的関係は非常に厳しい。もしある人が不倫をしていたとわかれば、罰として、村の人々全員が彼の家に行き、ブタをつぶし、または彼の家にあるものを何でも売り、その金で食べ物を買って、皆で食べる。

　そうした習慣にも見られるように青年男女の性的関係は非常に厳しいが、男女の地位は平等である。結婚しても、もしうまくいかなければ、離婚してもかまわない。離婚はそんなに難しいことではない。多くの地域ではもし男から離婚する場合、自分は柴を刈って女の家に持って行き、庭の中に置いて、自分の家に帰れば離婚は成立する。普段は刈った柴は庭に置かず、台所の側に置いてある。もし女性から離婚する場合は井戸の水を運んで、男の親の家の側に置いて、自宅に帰ってくれば、それで離婚が成立する。これは南?地区の習慣であり、北侗地区の場合は少し異なる。

　南侗地区では青年男女の恋愛は自由だが、結婚は自由ではない。そこで琵琶歌手たちは愛している人と結ばれない辛さを歌った歌を作り、皆で歌うのである。前述した新婚夫婦の場合も、夫が自分の新妻の前でその歌を歌った。しかし、新妻も怒らず、聞いた者も怒らない。皆がそれは歌ですよ、事実ではないよと言うだけである。

　この日の午後に、私は呉文祥氏の家を訪れた。呉文祥氏は1977年生まれ、小学校を卒業後、農業をしている。半年前から上海の民族村（公園の中で各民族の人々の生活様式を観光客に展示する観光施設）の侗族歌手として働いている。

　午前に私たちは彼と同じトラックで村に向かった。両親は呉文祥さんが帰るというのでたくさんの料理を用意して、周りの人々を呼び、皆にごちそうをした。私の突然の訪問にもかかわらず、呉文祥氏は大歓迎して下さった。私の目的が琵琶歌の調査であることを説明した。小黄村の大歌は大変有名で琵琶の伴奏もあると聞いていると言うと、呉文祥氏はすぐ仲間に声をかけた。一人の人が一挺の大琵琶を持って来て、皆で大歌を歌い始めた。最初は14歳から16歳の少女の5人が歌った。次に20歳代の独

身の男性歌班が歌った時、大琵琶の伴奏もついた。
　小黄村の大歌は実にすばらしく、この村の人々で大歌を歌わない人はない。最初に歌った人については以下のように記録できたが、その後はどんどん人が入れ替わり歌ったため記録は断念した。ともかく非常に楽しいひとときだった。彼らは大体歌班、すなわちグループで歌った：

女性歌班：呉夢花　1981年生まれ、小学3年まで就学；
　　　　　呉桃花　1982年生まれ、小学3年まで就学；
　　　　　潘冷浩　1982年生まれ、小学5年まで就学；
　　　　　潘倍継　1983年生まれ、小学3年まで就学；
　　　　　陳培団　1983年生まれ、小学3年まで就学。
男性歌班：潘老給　1973年生まれ、小学3年まで就学；
　　　　　潘老槐　1973年生まれ、小学卒業就学；
　　　　　潘暁玲　1975年生まれ、小学3年まで就学。
女性歌班：潘帰美　1979年生まれ、小学3年まで就学；
　　　　　潘美静　1980年生まれ、小学3年まで就学；
　　　　　潘発信　1980年生まれ、小学3年まで就学；
　　　　　呉継花　1979年生まれ、小学3年まで就学。
男性歌班：陳老帰　1982年生まれ、小学卒業就学；
　　　　　潘老明　1982年生まれ、小学卒業就学；
　　　　　潘顕光　1982年生まれ、小学卒業就学；
　　　　　潘老田　1982年生まれ、小学卒業就学；
　　　　　潘玲光　1982年生まれ、小学卒業就学；
　　　　　潘成規　1982年生まれ、小学卒業就学；
　　　　　潘老姜　1982年生まれ、小学卒業就学；
　　　　　潘世洪　1984年生まれ、小学卒業就学；
　　　　　潘成名　1983年生まれ、小学4年まで就学；
　　　　　潘老帰　1982年生まれ、小学卒業就学；
　　　　　潘老油　1982年生まれ、小学5年まで就学；
　　　　　潘紅心　1982年生まれ、小学5年まで就学。

　呉文祥さんの家は侗族伝統の木造二階建てで、一階では豚や牛を飼育し、二階に人が住んでいる。呉文祥さんの家には最初は10数人がいたが、大歌を歌い始めると、40数人になった。木造の二階建ての家はガタガタいい始めた。この状態になっても村人はまったく無視してどんどん人を二階に入れる。これ以上たくさんの人々が来たら、この二階建ては倒れそうである。私は本当に心配であった。しかし、皆本当に楽しそうであった。先ほどの新婦もいた。この状態はいつまで続きそうだったが、とりあえ

ず、私は調査を中断し、呉文祥さんの家から退出した。

侗族大歌の分類は①鼓楼大歌②声音大歌（諧声大歌）③叙事大歌④礼俗大歌⑤児童大歌⑥劇曲大歌となっている。

鼓楼大歌は男女歌班が鼓楼の中で対歌の時に歌う歌である。この男女歌班は同じ村に住んでいない男女歌班である。例えば、甲村の男性歌班が乙村を訪れた時、乙村の女性歌班に対し対歌を歌い、乙村の男性歌班が甲村を訪れた時甲村の女性歌班に対し対歌を歌う。この時一般には対歌は鼓楼の中で歌われる。内容は情歌が多い。3曲が一組で、一組歌われたら、一組（3曲）を答えて歌う。一般には伴奏がないが、小黄村の鼓楼大歌は男性の歌班の時には大琵琶の伴奏がつく。

声音大歌には具体的な内容はあまりないが。この大歌は音楽的に大変魅力がある。普段は歌わず、観衆の要求に応じて歌う。声音大歌は一曲で問答になる大歌で、男女のメロディーが違い、非常に優美で、観衆に最も人気がある。特に女性声音大歌のメロディーは変化に富んでいて美しい。対歌の時、女性の声音大歌は大歓迎される。ほかの地域の男声大歌には声音大歌がなく、小黄村だけで行われている。

叙事大歌は大体皆が知っている物語を歌う。あとは勧世歌も歌われる。叙事大歌は普段は歌われず、祭りや新年の時に歌われる。

礼俗大歌は場所によって内容が異なる。客を迎えるための道塞ぎ歌の大歌は「盛路歌」と言い、娘たちが歌う。村の入り口で客人を止めて、どこから来たのかを尋ねる歓迎儀礼である。道塞ぎの儀礼は、客が外から、村の境村の門などを通過し、村の中に入る時に行われる類似例については、（市販ビデオ『天地楽舞——音と映像による　中国55少数民族民間伝統芸能大系　侗族』参照）。初めは、障害物によって客人と主人側は分離されているが、歌掛けを終えると、客人と主人は統合されるというわけである。その後、酒の歌が歌われる。酒の歌は、宴会の始めから、終わりまで歌われるが、主に始めのあたりに集中する。まずは、宴会を始めるときの歌が歌われる。道塞ぎと同じように、主人側は、テーブルの上に、いろいろな台所で使っているもの、家の中にあるもの、農具等を置いておき、客に、1つずつ「これは何か」と尋ねる。客側は「それは、何々だ」と答えていく。テーブルにおいてあるものがすべて取り払われると、宴会が始まる。礼俗大歌の第三類「踏堂歌」は新年と祭りの時歌われるもので、皆で踊ったり、歌ったりする。やはり歓迎の歌で、一人が中心になって歌い、周りは合唱して、独唱者の歌詞の最後の三つの字、もしくは独唱者の歌詞全句を重複して歌う。

侗族大歌は4、5人が1つの「歌班」を作って歌う。多い時には10数人の歌班もある。一般に子供は6歳くらいから毎日歌う訓練を受ける。教える方はほとんど子供の兄、姉、母親、祖母である。12〜13歳になり、ある一定の演唱能力を持っている場合には歌の練習を始める。他人の対歌を聞いたり、自身でも少しだけ歌ったりもする。16歳くらいになると自分自身の音楽的な訓練は大体終了し、他の村へ行って、対歌を

始めることになる。1つの歌の中には1人の歌頭がいる。この歌頭は歌うのが上手で、よく働き、頭も良い者である。侗族は文字を持たない民族なので自分の民族の歴史や知識はすべて「口伝心受」の口伝えの伝承方式をとる。歌を一番覚えている人は自民族の歴史と知識を最も深く持っている者である。「歌頭」はほとんどの歌を覚えていて、もし歌班のメンバーが勉強した歌を忘れても、歌頭が教える。また、歌頭になる人は大体村の人気者であり、村で何か活動する時の中心人物でもある。1つの歌班には一名の「歌師」がいる。この人物は若い時には大体歌頭であった人である。

　上記歌班の構成員の年齢はほとんど同年で、時には2、3歳くらいの差がある場合もある。普段、同じ村の歌班は対歌をしない。対歌の大部分は情歌であり、同じ村の人同士は情歌を歌わないが、この小黄村は少々特別である。小黄村は3つの地区に分かれている。村の人口は全部2,000人余りだが、この3つの地区内で歌班は36組ある。歌班は小、中、大班、成年班と老年班である。小班のメンバーは15歳以下で、中班のメンバーは16歳から18歳まで、大班のメンバーは18歳から28歳くらいまで、成年歌班は30歳代から40歳代まで、老年歌班は50歳以上の婦人たちである。私がわざわざ大歌を聞くため小黄村に来たということで村の人々は大変喜び、次々に歌った。この中での歌班は同じ地区の歌班ではない。男女歌班はほとんど情歌を歌ったが、これは同一地区の歌班ではないので、互いに情歌を歌い合っても問題はない。

　また、この小黄村の人々は学校教育が大切だとは考えていない。特に女子の、入学率が3％で、私が調査した、歌班の人々の大部分は小学校3年から5年までの学校教育しか受けていなかった。小学校を卒業した人も少ない。

　この村の4人の少女が1996年に侗族の代表として、フランスに行き、侗族の大歌の公演を行った。フランス在住の華僑たちは、彼女たちの大歌を聞き、大変喜んだ。しかし、彼女たちが貧困のため学校教育を受けていない事実を聞き、この4人の少女に教育を受けさせるため華僑たちは募金を行った。現在では、この村に初めての女子中学生がいる。この時の四人は潘美号さん（1982年生まれ、当時15歳）、潘美花さん（1982年生まれ、当時15歳）、呉培建さん（1983年生まれ、当時14歳）、呉培愛さん（1982年生まれ、当時14歳）で、彼女達は当時県城内にある従江県民族第二中学校に**寮生活をしながら在籍した。呉培愛さんの兄は今日私が訪ねた呉文祥氏である。4人は毎週土曜日の午後5時間くらい歩いて小黄村の実家に帰り、日曜日の午後一週間分の米を持って学校に戻る。**

参考文献

中国語文献（ピンイン順）

陳維剛 1984「侗族族熱心公益的美徳」『民族研究』1：80.
陳衣/楊金栄/陳維剛 1989「桂北侗族的農業生産習俗」『中南民族学院学報』2：45〜48.
『侗族簡史』編写組 1985『侗族簡史』貴州民族出版社。
『侗族文学史』編写組 1988『侗族文学史』貴州民族出版社。
侗学研究会編 1991『侗学研究』貴州民族出版社。
貴州省文管会編 1985『侗寨鼓楼研究』貴州人民出版社。
侗川 1987「侗族先民的哲学思想探析」『中南民族学院学報』1：85〜89.
『侗族文学史』編写組 1985「『侗族文学史』編中提出的幾個問題」『民族文学研究』5：30〜33.
杜亜雄 1986『中国少数民族音楽（一）』中国文聯出版公司。
杜亜雄 1993『中国少数民族民間音楽概述』人民音楽出版社。
敏文/呉浩 1995『没有国王的王国－侗款研究－』中国社会科学出版社。
敏文/呉浩 1989「論侗族『約法款』」『中南民族学院学報』2：1〜6.
敏文 1989「侗族文学人物形象的歴史演化」『民族文学研究』5：27〜31.
董偉建 1989「評『当代侗族短篇小説選』」『中南民族学院学報』2：24〜27.
丁家栄 1988「侗族郷民俗文化考察散記」『中南民族学院学報』6：68〜69.
馮敏 1992「西南少数民族的酒文化」『貴州民族研究』3：48〜56.
過偉 1986 評侗族民歌『歌師伝』『民族文学研究』3期 65〜66.
郭長生 1982「侗族的"打標"習俗」『民族研究』6：69〜74.
管波 1995「中国少数民族頭飾文化的社会功能」『民族研究』6：28〜35.
貴州省芸術研究室編 1989『貴州民族音楽文選』中国民族攝影芸術出版社。
貴州省芸術研究室編 1989『貴州民族音楽文集』貴州省芸術研究室編。
高厚永 1981『民族器楽概論』江西人民出版社。
何龍清（侗族）1988「古代侗族哲学思想初探」『貴州民族研究』2：86〜90.
黄滔 1985「侗族民歌浅述」『中南民族学院学報』1：97〜102.
黄才貴 1991「日本学者対貴州侗族干欄民居的調査与研究」『貴州民族研究』2：23〜30.
侯橋坤（侗族）1992「侗族原始宗教的特点和功能探微」『貴州民族研究』1：75〜81.
和宏 1989「侗族的[三朝酒]」『中央民族学院学報』3：78.
姜大謙（侗族）1991「論侗族紡織文化」『貴州民族研究』2：64〜70.
姜大謙（侗族）1992「侗族文化資源及其開発論略」『貴州民族研究』1：18〜25.
金玉 1993「侗族民居的生長現象試析」『貴州民族研究』3：118〜123.
劉光秋 1988「従"鼓楼文化"看民俗功能」『貴州民族研究』3：52〜57.
龍燕怡 1989「充満奇趣的侗家鶏俗」『中南民族学院学報』2：51〜52.

龍耀宏 1993「侗族族称考釈」『貴州民族研究』2：89～96.
龍迅（侗族）1994「侗族巫術文化叙論」『貴州民族研究』1：53～64.
龍連栄 1996「豊富/多様/活溌－読『侗郷好事酒歌』的印象」『貴州民族研究』2：123.
龍玉成編 1988『玩山歌』貴州民族出版社.
龍玉成編 1988『侗族情歌』貴州人民出版社.
李時学（侗族）1992「侗族鼓楼及鼓楼文化管見」『貴州民族研究』4：65～70.
李続南主編 1994『黔南戯曲音楽』貴州民族出版社.
李端岐主編 1989『貴州侗戯』貴州民族出版社.
廖開順/石佳能 1995「侗族遠古神話伝説的美学基因」『貴州民族研究』3：111～119.
雷広正/李知仁「侗族地区"洞"、"款"組織的特徴和作用」『民族研究』5：74～79.
梁敏「从飲食文化看壮侗諸族的親縁関係」『貴州民族研究』4：83.
梁敏編 1980 年『侗族簡志』民族出版社.
粟定先 1990「論史詩『侗族遠祖歌』的文化価値」『中南民族学院学報』Åx5：27～33.
馬奎/金明 1992「試析歴史上侗漢人民経済文化交往」『中南民族学院学報』4：121～125.
苗延秀 1989「我対侗族文学的浅見」『中南民族学院学報』2：19～23.
欧俊嬌 1989「浅談侗族"款詞"及其語言形式差」『貴州民族研究』2：91～96.
普虹（侗族）1992「侗劇応走自己発展之路」『貴州民族研究』3：71～76.
秦秀強 1992「侗族恋愛習俗中的婚姻史軌迹」『中南民族学院学報』2：39～42.
秦秀強 1993「侗族喪葬文化及其在当代的矛盾性」『貴州民族研究』1：143～148.
秦秀強 1994「北部侗族文化涵化的過程和機制－天柱社区的個案研究」『貴州民族研究』1：41～46.
秦咏誠/魏立編 1989『中国民族音楽大観』瀋陽出版社.
潜明茲 1989「試論侗族『嘎茫莽道時嘉』」『中南民族学院学報』2：13～18.
黔東南苗族侗族自治州概況編写組 1986 年『黔東南苗族侗族自治州概況』貴州人民出版社.
石佳能（侗族）1991「侗族"補拉"文化溯源」『貴州民族研究』2：58～63.
石玉輝 1992「侗族道徳遺産的継承和発展初探」『貴州民族研究』2：141～144.
石開忠 1996「明清至民国時期清水江流域林業開発及対当地?族、苗族社会的影響」『民族研究』4：99～104.
石林 1986「侗族北部民歌格律」『中央民族学院学報』2：109～112.
石佳能 1993「侗族的"温拉"与款」『中南民族学院学報』3：28～32.
石佳能 1992「侗族節日文化簡論」『中南民族学院学報』3：47～50.
石本忠 1989「伝統侗歌的記録方法」『中南民族学院学報』2：31～32.
石佳能 1989「侗族社会歴史発展特点忕議」『中南民族学院学報』2：40～44.
石佳能/黄雪鴻 1988「侗族民俗及民族文化中原始社会残余試析」『中南民族学院学報』2：14～16.

石錦宏等編 1994『侗族民間文学選読』貴州民族出版社。
三江侗族自治県概況編写組 1986『三江侗族自治県概況』広西民族出版社。
三江侗族自治県民族事務委員会編 1989『三江侗族自治県民族誌』広西人民出版社。
三江侗族自治県三套集成辧公室編 1989『侗族琵琶歌』内部資料。
憂徳富/侯喬坤 1993「侗族古歌中原始思維的発展及神話問題」『貴州民族研究』4：141.
通道侗族自治県概況編写組 1986『通道侗族自治県概況』湖南人民出版社。
王勝先著 1989『侗族文化与習俗』貴州民族出版社。
王宗價 1992「侗族"舅公礼"与婚姻制度的変革」『中南民族学院学報』4：62～64.
伍国棟 1997『民族音楽学概論』人民音楽出版社。
呉支柱（侗族）王承祖 1989「侗族音楽的称謂与分類」『貴州民族研究』1：130～134.
呉能夫（侗族）1989「侗族尾崇拝初探」『貴州民族研究』1：135～140.
呉能夫（侗族）1989「略談侗族的"歌養心"説」『貴州民族研究』2：89～91.
呉永清 1993「侗族文化研究的新突破－評『侗族文化概論』」『貴州民族研究』1：131～132.
呉能夫 1993「浅談侗郷福橋（風雨橋）的名称涵義及其特殊功能」『貴州民族研究』1：133～135.
呉浩/普蓬 1990「侗族歌謡人物形象審美説」『中南民族学院学報』5：23～26.
呉永價 1989「浅談侗族琵琶歌」『中南民族学院学報』2：28～30.
呉善誠 1989「侗族伝統建築芸術特色初探」『中南民族学院学報』2：33～35.
呉世華 1989「程陽橋的建築芸術和侗族的伝統道徳」『中南民族学院学報』2：36～39.
呉炳金 1989「侗族風俗改革小議」『中南民族学院学報』2：53～55.
向零 1989「洞款郷規及其演変」『貴州民族研究』2：6～14.
向零 1995「侗族的倫理道徳与社交礼儀」『貴州民族研究』3：72～81.
肖家成/孫家申 1995「阿昌族酒文化調査」『民族研究』2：31～37.
香港中文大学中国音楽資料館香港民族音楽研究会編 1990『中国音楽国際研討会論文集』山東教育出版社。
徐杰舜/楊秀楠/徐桂藍 1992『程陽橋風俗』広西民族出版社。
簫梅/韓鐘恩 1993『音楽文化人類学』広西科学技術出版社。
楊相環 1983「侗族的播種節」『民族研究』4：76.
楊清棟 1985「談侗族風俗習慣的改革」『中南民族学院学報』1：105～106.
楊昌嗣/銀軍 1988「略論侗文使用的局限性和可行性」『中南民族学院学報』5：90～95.
楊秀緑 1988「侗款的産生、功能及其承伝試探」『中南民族学院学報』6：62～67.
楊国 1988「侗族大歌浅議」『貴州民族研究』3：49～51.
楊秀緑（侗族）1989「侗族鼓楼美学探幽」2：48～57.
楊昌嗣 1989「論侗族伝統文化的主要特徴」『中央民族学院学報』1：33～37.
楊正功 1989「侗族青年月地瓦活動及其源流試述」『中南民族学院学報』2：49～50.

楊秀斌/石宗慶 1990「試論侗族南北方言内文化的成因及其発展」『貴州民族研究』1：42.
楊通山等編 1983『侗郷風情録』四川民族出版社。
楊通山/蒙光朝/過偉/鄭光松編 1980『侗族民歌選』上海文芸出版社。
楊国仁/呉定国編 1984『侗族礼俗歌』貴州人民出版社。
楊国仁編 1986『侗寨叙事歌』貴州人民出版社。
楊錫光/楊錫 1993『琵琶歌選』岳麓書社。
楊国仁編 1988『侗族坐夜歌』貴州人民出版社。
楊応海編 1993『貴州各族酒歌選』貴州民族出版社。
楊通山/蒙光朝/過偉/鄭光松/龍玉成編 1982『侗族民間故事選』上海文芸出版社。
楊権編 1992『侗族民間文学史』中央民族大学出版社。
楊漢基/石林/張盛/梁維安　編 1996『侗族諺語』貴州民族出版社。
楊民康 1992『中国民歌興郷土社会』吉林教育出版社。
楊民康 1996『中国民間歌舞音楽』人民音楽出版社。
楊盛中主編 1989『黎平県民族志』貴州人民出版社。
楊錫光/楊錫　采録 1995『侗耶』岳麓書社。
楊錫光/楊錫/呉治徳整理 1988『侗款』岳麓書社。
楊国仁/呉定国整理 1981『侗族祖先哪里来』（侗族古歌）貴州人民出版社。
袁仁茉 1990「侗族意識論」『貴州民族研究』3：23～30.
袁仁茉 1994「論侗族飲食文化」『貴州民族研究』2：49～53.
袁静芳 1993『民族器楽』人民音楽出版社。
袁炳昌/毛継増編 1986『中国少数民族楽器誌』新世界出版社。
余達忠（侗族）1989「侗族"鼓楼文化"的層面分析」『貴州民族研究』2：44～48.
宇暁（侗族）1991「侗族親従嗣名制研究」『貴州民族研究』4：36～43.
銀軍（侗族）1992「試探侗族民族心理素質」『貴州民族研究』1：58～64.
玉屏侗族自治県概況編写組 1985『玉屏侗族自治県概況』貴州民族出版社。
朱恵珍 1988「侗族審美特徴漫議」『中南民族学院学報』6：10～15.
朱慧珍（苗族）1909「侗族民間文学中的労働婦女形象与我国古代六人文学中的貴族女性
形象之比較」『貴州民族研究』1：141～148.
朱恵珍 1989「侗族款詞与漢賦及侗族白話之比較」『中南民族学院学報』2：7～12.
朱伝廸編 1992『中国風俗民歌大観』武漢測絵科技大学出版社。
鄭桂宣（侗族）1996「侗族『玩山歌』浅議」『貴州民族研究』2：117～119.
鄭寒風編 1985『貴州侗族音楽』貴州人民出版社。
山口修著 1999『出自積淤的水中』中国社会科学出版社。
張世珊/楊昌嗣 1991「侗族文化哲学」『貴州民族研究』1：9～19.
張民 1993「議拮伶分化為侗族説」『貴州民族研究』2：79～88.

張民 1986「侗族"鼓楼"探」『中央民族学院学報』2：92〜94.
張寿 1982「関於侗族名称的来源問題」『民族研究』3：56〜62.
張中笑/羅廷華主編 1989『貴州少数民族音楽』貴州民族出版社。
張勇/劉振国主編 1997『侗族曲芸音楽』貴州民族出版社。
周勇 1994「侗寨村落法初探」『民族研究』6：47〜55.
中国少数民族音楽学会編 1993『民族音楽論文集』中央音楽学院学報社。
中国民間歌曲集成湖南夯編委会編 1981『湖南民間歌曲集』湖南人民出版社。
中国芸術研究院音楽研究所編 1994『音楽学文集』山東教育出版社。
中国芸術研究院音楽研究所編 1995『中国音楽年鑑』山東友誼出版社。
趙 渢主編 1991『中国楽器』現代出版社。
曽遂今 1997『音楽社会学概論』文化芸術出版社。

日本語文献（五十音順）
青木保他編 1997『文化人類学・第11巻「宗教の現代」』岩波書店。
岩佐昌著/藤堂明保/香坂順一監修 1983『中国の少数民族と言語』光生館。
市川捷護/市橋雄二著 1998『中国55の少数民族を訪れて』白水社。
梶原景昭等編 1997『文化人類学・第8巻「異文化の共存」』岩波書店。
川田順造編 1991『「未開」概念の再検討Ⅱ』リブロポート。
川田順造/徳丸吉彦編 1984『口頭伝承の比較研究1』弘文堂。
九学会連合奄美調査委員会編 1982『奄美—自然・文化・社会—』弘文堂。
栗原悟監訳/解説 1995『大地と民—中国少数民族の生活と文化—』タクトグラフィック印刷。
君島久子監訳 1982『概説中国の少数民族』三省堂。
小長谷有紀著 1991『モンゴルの春』河出書房新社。
小泉文夫/星旭/山口修責任編集 1973『日本音楽とその周辺　吉川英史先生還暦記念論文集』音楽之友社。
櫻井哲男/山口修編 1996『音の今昔』弘文堂。
薛羅軍 1998（侗族大歌の部分担当）『アジアの音楽と文化』（株）ビクターエンタテインメント。
田畑久夫/金丸良子編 1989『中国雲貴高原の少数民族シャオ族/トン族』白帝社。
谷村晃/山口修/畑道也編 1991『音は生きている』勁草書房。
徳丸吉彦/平野健次等編 1988『日本の音楽・アジアの音楽　第6巻「表象としての音楽」』岩波書店。
徳丸吉彦著 1996『民族音楽学理論』放送大学教育振興会。
陶立璠著/佐野賢治監訳上野稔弘訳 1997『中国民俗概論』勉誠社。

山口修/柏木隆雄編 1996『異文化の交流』大阪大学出版会。
山口修 1988『伝播と変容』岩波書店。
山口修（代表）/加藤富美子/川口明子監修 1998『アジアの音楽と文化』(株)ビクターエンタテインメント。
山口修 1974「社会教育の手段としての音楽―自然民族の場合―」『あんさんぶる』
スティーブン・フェルド著山口修[ほか]訳 1993『鳥になった少年：カルリ社会における。
見田宗介/栗原彬/田中義久 1994『社会学事典』弘文堂。
藤井知昭監修 1991『現代と音楽―民族音楽叢書―』東京書籍。
平野健次/山口修等編 1988『日本の音楽・アジアの音楽　第4巻「伝承と記録」』岩波書店。
藤井知昭著 1978『「音楽」以前』日本放送出版協会。
藤井知昭著 1980『民族音楽の旅』講談社。
藤井知昭著 1984『NHK市民大学7-9月期　音楽の人類学』日本放送出版協会。
藤井知昭監修 1996民博「音楽」共同研究編『「音」のフィールドワーク』東京書籍。
藤井知昭/山口修/月渓恒子編 1988『楽の器』弘文堂。
米山俊直/唐泰楠 1991『文化人類学を学ぶ人のために』世界思想社。
宮澤淳一/小倉真理訳 1990『音楽の文章術』春秋社。
編集世話人=編 1993『音と言葉―谷村晃先生退官記念論文集』音楽之友社。

■著者紹介

薛　羅軍（せつ　らぐん　XUE Luojun）

1961年生まれ。
1991年　　中国北京中国音楽学院卒業。
1992年6月　東京学芸大学研究生として来日。
2000年3月　大阪大学大学院博士後期課程修了。文学博士。
現　在　　大阪大学文学部客員研究員

著書
『楽は楽なり』（共著）好文出版社　2005年3月

論文
「侗族の琵琶歌――中国湖南省通道侗族自治県の場合――」（『東洋音楽研究』第63号　1998年8月）、「中国の少数民族・侗族の音楽―音楽の分類と侗族歌師の社会的地位について―」（『文化科学研究』第14-1号　中京大学文化科学研究所　2002年12月）、「中国少数民族トン（侗）族の生活と音楽」（『アジア遊学』第63号　勉誠出版　2004年5月）、「侗族の鼓楼文化と侗族大歌」（『アジア民族文化研究』第4号　アジア民族文化学会　2005年3月）

著者住所
〒662－0853
兵庫県西宮市津田町5-10-212
E-mail：seturagun@ybb.ne.jp
　　　　xueluojun@hotmail.com

侗族の音楽が語る文化の静態と動態

2005年10月16日　初版第1刷発行
2006年4月10日　初版第2刷発行

■著　者──薛　羅軍
■発行者──佐滕　寸
■発行所──株式会社 大学教育出版
　　　　　〒700－0953　岡山市西市855-4
　　　　　電話(086)244-1268(代)　FAX(086)246-0294
■印刷製本──モリモト印刷㈱
■装　丁──原　美穂

©XUE Luojun 2005, Printed in Japan
検印省略　　落丁・乱丁本はお取り替えいたします。
無断で本書の一部または全部を複写・複製することは禁じられています。

ISBN4－88730－646－6